個人情報・プライバシーの実務ガイド

パーソナルデータの保護と管理

EYアドバイザリー・アンド・コンサルティング㈱ [編]

同文舘出版

はじめに

　いま，個人情報を取り巻く環境は，かつてないほどに大きく変化しています。そのなかでも，特にデジタル技術は世界中のあらゆる産業，あらゆる人に大きな影響を及ぼし続けています。ソーシャル，モバイル，ビッグデータ，クラウド，IoT——こうしたデジタル技術の進歩によって，企業のビジネスや人々の生活のあり方が根底から変化し，企業においては新たなビジネスチャンスを生み，人々の生活の利便性は大きく向上しています。しかし，デジタル技術によってこうした好機が生まれる一方で，デジタル技術が進歩するにつれ，個人データや個人の識別につながる情報，すなわちパーソナルデータを，故意であれ不注意であれ，共有する傾向が急速に強まっています。こうしたパーソナルデータの取扱いに関しては複雑性が高まり，その結果，過去の経験から学ぶだけでは予測できない新たなリスクも増加しているのです。

　また，イノベーション，利便性，顧客満足，収益力の強化はどれも企業にとって重要ですが，プライバシーを犠牲にしては成り立ちません。企業はどのようなパーソナルデータを収集するかだけではなく，これらをどのように保管，使用，更新，保護するかの判断をこれまで以上に強く迫られています。国内ではマイナンバーへの継続的な対応に加えて，2017年5月に施行された改正個人情報保護法への対応，さらに海外ではEUにおける一般データ保護規則（GDPR）への対応が求められています。

　このような状況で，企業は個人情報をどのように取り扱えばよいのでしょうか？

　本書は上記のような状況を念頭に，主に企業で個人情報をはじめとする，パーソナルデータを取り扱う部門の責任者や実務担当者向けに次のような構成で実務に役立つ情報の整理や解説を行っています。

　第Ⅰ部では，改正後の個人情報保護法やマイナンバー法などの日本におけ

る法規制を中心に概要を解説しています。法規制についての概略を把握したい方や，知識の再確認をしたい方はぜひ目を通していただきたいと思います。

　第Ⅱ部では，海外におけるプライバシーや個人情報保護の動向を概説します。特に昨今注目を集めているEU一般データ保護規則（GDPR）について重点的に解説していますので，海外の最新動向をキャッチアップしつつ，パーソナルデータおよびプライバシーの世界的なトレンドについて理解を進めることができます。

　第Ⅲ部では，実務においてパーソナルデータをどのように管理していくべきか，という視点で情報の取得から廃棄までのライフサイクルごとに実務上のポイントや対策を解説しています。

　第Ⅳ部では，第Ⅰ部，第Ⅱ部，第Ⅲ部での解説・考察を踏まえたケーススタディを豊富に掲載しました。ケーススタディでは「国内企業」「グローバル企業」の2つのテーマに分けて，それぞれ実務対応で課題になりがちな論点への対応例を具体的に紹介しています。

　本書は，個人情報保護を取り巻く環境を実務的な観点から論点整理し，各企業が自らの事業特性に応じて，なにに対してどのように対応すべきかを考える際に有効なヒント・気づきを提供することを主な目的としています。本書を手にとられた方々にとって，個人情報保護・パーソナルデータの管理に係る実務対応の一助となることを執筆者一同，心から願っています。

　　　　　　　　　　　EY Japan　データプロテクション・プライバシーチーム
　　　　　　　　　　　　　　　　　　　　　　　　　　執筆者一同

目　次

第Ｉ部　日本における法規制

1 個人情報保護法(1) ——制度の背景と概要—— 3

- **1-1** 制定の経緯 …… 4
- **1-2** 個人情報保護法の改正 …… 6
- **1-3** 規制の概要 …… 8
- **1-4** 個人情報の取得 …… 10
- **1-5** 安全管理措置 …… 12
- **1-6** 従業者および委託先の監督 …… 14
- **1-7** 第三者提供 …… 16

2 個人情報保護法(2) ——2017年5月の法改正におけるポイント—— 21

- **2-1** 個人識別符号 …… 22
- **2-2** 要配慮個人情報 …… 24
- **2-3** 匿名加工情報 …… 26
  - （1）匿名加工情報の作成方法に関する基準　26
  - （2）加工方法等情報の安全管理措置の基準　28
  - （3）作成時における公表　29
  - （4）第三者提供時における公表・明示の方法　29
  - （5）匿名加工情報の安全管理措置等（努力義務）　30
- **2-4** トレーサビリティの確保 …… 31
- **2-5** オプトアウト手続の厳格化 …… 33
- **2-6** 外国にある第三者への提供 …… 34

2-7 データベース提供罪 …… 36
2-8 個人情報取扱事業者の例外の撤廃 …… 37
2-9 個人情報保護委員会の設置 …… 38

3 JIS Q 15001：プライバシーマーク — 41

3-1 個人情報保護法との違い …… 42
3-2 プライバシーマーク審査の概要 …… 43
（1）文書審査　43
（2）現地審査　44
3-3 プライバシーマークの更新 …… 46

4 マイナンバー法 — 47

4-1 マイナンバー制度の概要 …… 48
（1）公平・公正な社会の実現　48
（2）国民の利便性の向上　48
（3）行政の効率化　48
4-2 マイナンバーはどのように管理されるのか …… 51
4-3 マイナンバー法と個人情報保護法 …… 52
4-4 マイナンバーの情報連携・利用範囲の拡大 …… 54
4-5 主な規制の特徴 …… 56
（1）収集・保管の制限　56
（2）利用の制限　56
（3）特定個人情報ファイルの作成の制限　56
（4）提供の制限　57
（5）委託の取扱い　57
（6）本人確認の実施　57
（7）安全管理措置の実施　59

4-6 マイナンバー法の罰則 …… 61

第Ⅱ部　海外におけるパーソナルデータ管理の現状

1 海外の個人情報保護の動向 ━━━━━ 65

1-1 包括法で権利保護を進める EU …… 66
  （1）世界ルール：OECD8 原則　67
  （2）EU 域内の包括法：EU データ保護指令　69

1-2 個別法＆自主規制のアメリカ …… 71
  （1）「消費者プライバシー権利章典」　73
  （2）執行機関 FTC の役割と匿名化「FTC3 要件」　74

1-3 その他の動向：アジア・オセアニア諸国 …… 76
  （1）アジア太平洋地域における連携：APEC　77

2 国境を越えた法規制：データ移転規制 ━━━━━ 79

2-1 EU 域内 - 第三国でのデータ移転対応 …… 80
2-2 EU- アメリカ間の特例：
　　　セーフハーバー協定からプライバシーシールドへ …… 84

3 EU 一般データ保護規則（GDPR）の成立 ━━━━━ 85

3-1 改正の背景と GDPR の概要 …… 86
3-2 おもな改正点と用語の基本概念 …… 88
  （1）改正点①適用範囲（データ）の明確化　88
  （2）改正点②匿名化ルールの整備　89
  （3）改正点③適用範囲（エリア）の拡大　90

（4）改正点④企業の説明責任の強化　91
　　（5）改正点⑤個人の権利の強化　94
　　（6）改正点⑥罰則の強化　95
　　（7）改正点⑦ルールの均一化　96

4 個人情報管理の論点整理（日本 vs.EU） 99

4-1 規制対象の「個人情報」とその種類 …… 100
4-2 「特に配慮が必要な個人情報」の取扱い …… 102
4-3 匿名化（ビッグデータとしての活用）…… 103
4-4 第三国へのデータ移転規制 …… 105
4-5 域外適用 …… 108
4-6 事業者の説明責任の強化 …… 109

5 海外におけるマイナンバー制度 111

5-1 番号制度の国際的な動向 …… 112
5-2 期待に応えるマイナンバー制度 …… 116
5-3 課題を抱えるマイナンバー制度 …… 117
　　（1）なりすましによる被害　117
　　（2）漏えいによる被害　118

第Ⅲ部　個人情報保護・プライバシー規制に関する実務対応

1 個人情報保護管理体制の整備 121

1-1 はじめに：個人情報保護のポイント …… 122
　　（1）本人向け対応　122

（2）組織内対応　122

　　（3）社外組織向け対応　122

1-2 管理体制の整備手順 …… 124

1-3 管理体制の評価に活用される指標 …… 126

1-4 アウトソーシングビジネス等，顧客向けサービスを対象とした
　　 ビジネスに対する管理体制の評価 …… 128

2　情報のライフサイクルごとの実務対応　131

2-1 情報のライフサイクル …… 132

2-2 取得・入力 …… 133

　　（1）取得した個人情報の記録　133

　　（2）取得・入力担当者の特定　134

　　（3）取得・入力する個人情報の範囲の明確化　135

　　（4）取得経緯についての確認　135

2-3 移送・送信 …… 136

　　（1）移送時の漏えい対策　136

　　（2）送信時の漏えい対策　138

2-4 利用・加工 …… 140

　　（1）利用範囲の限定　140

　　（2）利用者の監督　141

2-5 保　管 …… 143

　　（1）保管場所の管理　143

　　（2）一時的な作業ファイルの保管　144

　　（3）オンラインストレージの利用　145

2-6 消去・廃棄 …… 147

　　（1）消去・廃棄のタイミング　147

　　（2）消去・廃棄の方法　148

3 漏えい時の実務対応 — 151

- **3-1** 情報漏えい時の対応フロー …… 152
- **3-2** 発見・報告 …… 154
- **3-3** 初期対応 …… 156
  - （1）被害拡大の防止　156
  - （2）事実確認　157
  - （3）対策チーム・対策本部の設置　157
- **3-4** 原因究明・再発防止 …… 160
  - （1）証拠の保全　160
  - （2）原因の調査　160
  - （3）再発防止　161
- **3-5** 連絡・公表 …… 163
  - （1）本人への連絡　163
  - （2）外部への公表　164
  - （3）監督官庁等への報告　165

4 マイナンバー対応 — 167

- **4-1** 各取扱いの段階における実務上の対応 …… 168
- **4-2** 人事労務業務における実務上のポイント …… 172
  - （1）従業員と扶養家族の変動　172
  - （2）企業グループのグループ会社間の共同利用はできない　172
  - （3）労災保険等申請時のマイナンバー提供　172
- **4-3** マイナンバーの漏えい等インシデントに係る実務対応のポイント …… 173
- **4-4** マイナンバーの取扱いにおける実務対応上のポイント（まとめ） …… 174

第Ⅳ部　ケーススタディ

1　国内企業のケース ——————————————— 177

1-1　要配慮個人情報の取得と提供
　　　——健康相談事業を行うA社の場合—— …… 178
　（1）会社の概要　178
　（2）個人情報保護に関する現状・課題　178
　（3）課題に対する論点の整理　178
　（4）課題に対する取組み・対処　178
　（5）まとめ・今後の課題　182

1-2　匿名加工情報の作成と管理について
　　　——インターネットサービス事業者B社の場合—— …… 183
　（1）会社の概要　183
　（2）個人情報保護に関する現状・課題　183
　（3）課題に対する論点の整理　183
　（4）課題に対する取組み・対処　183
　（5）まとめ・今後の課題　187

1-3　第三者提供の確認・記録義務への対応
　　　——イベント事業者C社の場合—— …… 188
　（1）会社の概要　188
　（2）個人情報保護に関する現状・課題　188
　（3）課題に対する論点の整理　188
　（4）課題に対する取組み・対処　188
　（5）まとめ・今後の課題　192

1-4　外国にある第三者への提供
　　　——ポイントカード事業者D社の場合—— …… 194
　（1）会社の概要　194

（2）個人情報保護に関する現状・課題　194

　　（3）課題に対する論点の整理　194

　　（4）課題に対する取組み・対処　195

　　（5）まとめ・今後の課題　197

1-5 マイナンバー対応
　　　──モニタリング体制の構築に取り組むE社の場合── …… 198

　　（1）会社の概要　198

　　（2）マイナンバーの取扱いに関する現状　198

　　（3）課題に対する論点の整理　199

　　（4）課題に対する取組み・対処　200

　　（5）まとめ・今後の課題　200

2　グローバル企業のケース　201

2-1　個人情報保護管理体制の構築　①体制整備編
　　　──GDPR対応に取り組むF社の場合── …… 202

　　（1）会社の概要　202

　　（2）個人情報保護に関する現状・課題　202

　　（3）課題に対する論点の整理　202

　　（4）課題に対する取組み・対処　202

　　（5）まとめ・今後の課題　203

2-2　個人情報保護管理体制の構築　②影響調査編
　　　──GDPR対応に取り組むF社の場合── …… 205

　　（1）会社の概要　205

　　（2）個人情報保護に関する現状・課題　205

　　（3）課題に対する論点の整理　205

　　（4）課題に対する取組み・対処　205

　　（5）まとめ・今後の課題　207

2-3　個人情報保護管理体制の構築　③対応実施編

──GDPR対応に取り組むF社の場合── …… 208

　（1）会社の概要　208
　（2）個人情報保護に関する現状・課題　208
　（3）課題に対する論点の整理　208
　（4）課題に対する取組み・対処　208
　（5）まとめ・今後の課題　209

2-4　データ移転対応①──BCRに取り組むG社の場合── …… 210

　（1）会社の概要　210
　（2）個人情報保護に関する現状・課題　210
　（3）課題に対する論点の整理　210
　（4）課題に対する取組み・対処　210
　（5）まとめ・今後の課題　211

2-5　データ移転対応②──SCCに取り組むH社の場合── …… 212

　（1）会社の概要　212
　（2）個人情報保護に関する現状・課題　212
　（3）課題に対する論点の整理　212
　（4）課題に対する取組み・対処　212
　（5）まとめ・今後の課題　214

索　　引　219

略語一覧

◇法令等◇

略語	法令名
法	個人情報の保護に関する法律（個人情報保護法）
マイナンバー法（番号法とも）	行政手続における特定の個人を識別するための番号の利用等に関する法律
EUデータ保護指令	個人データ取扱いに係る個人の保護及び当該データの自由な移動に関する1995年10月24日の欧州議会及び理事会の95/46/EC指令 (Direcective 95/46/EC of the European Parliament and of the Council of 24 October 1995 on the protection of individuals with regard to the processing of personal data and on the free movement of such data)
GDPR（EU一般データ保護規則）	個人データの取扱いに係る自然人の保護及び当該データの自由な移転に関する欧州議会及び欧州理事会規則 (REGULATION OF THE EUROPEAN PARLIAMENT AND OF THE COUNCIL of on the protection of natural persons with regard to the processing of personal data and on the free movement of such data, and repealing Directive 95/46/EC (General Data Protection Regulation))
BCR	拘束的企業準則（Binding Corporate Rule）
SCC	標準契約条項（Standard Contract Clauses）
DPO	データ保護責任者（Data Protection Officer）
JIS Q 15001	個人情報保護マネジメントシステム──要求事項

◇用語・機関名◇

略語	用語・機関名
マイナンバー制度	社会保障・税番号制度
OECD	経済協力開発機構 (Organization for Economic Co-operation and Development)
ISO	国際標準化機構（International Organization for Standardization）
FTC	アメリカ連邦取引委員会（Federal Trade Commission）
JIPDEC	一般財団法人日本情報経済社会推進協会 (Japan Information Processing Development Corporation)
CBPRシステム	越境プライバシールールシステム（Cross Border Privacy Rules system）
SOCレポート	受託業務に係る内部統制の保証報告書 (Service Organization Controls Report)
SSN	米国の社会保障番号（Social Security Number）

第 I 部

日本における法規制

個人情報保護法⑴
―制度の背景と概要―

1-1 制定の経緯

　個人情報の保護に関する法律，いわゆる個人情報保護法は，2005年4月に全面施行されました。当時は，パーソナルコンピューターの進化，インターネットの拡大・高速化，記録デバイスの容量増大・小型化など，高度な情報通信社会が急速に進展し，個人情報や機密情報等について，いままででは考えられないほどの大量な情報を，きわめて容易に持ち出すことが可能となっていく状況にありました。そのようななかで大規模な個人情報漏えい事故が発生したこともあり，世間では，ある日突然，関係のない企業からダイレクトメールが送られてくることなどへの不安が高まった結果，法による規制の必要性が検討されました。そして，個人情報をビジネス等に利活用する機会には配慮しながらも個人の権利を保護することを目的とした個人情報保護法が制定されました。個人情報保護法では，個人情報を取り扱う場合に必要な対応を定めるにあたり，個人情報を以下のように定義し，それぞれに必要な規制について明確に分けて規定しています。

図表Ⅰ-1-1　個人情報の分類

【個人情報】
生存する個人を識別することのできる情報

　【個人データ】
　個人情報データベース等（検索できるよう体系的に整理したもの）を構成する個人情報

　　【保有個人データ】
　　個人情報取扱事業者が開示，訂正，削除等の権限を有する個人データ

個人情報保護法は個人情報の「有用性」に配慮しつつ個人の権利利益を「保護」することを目的としていたのですが，個人情報漏えい事件の発生や法施行への対応における混乱等も関係し，施行当初は個人情報をむやみに利用してはいけないという厳格な保護を優先する風潮が世の中全般に広がりました。たとえば，学校がクラスの緊急連絡網や卒業アルバム等の作成を取りやめたり，病院が患者の家族からの問い合わせに対して情報の開示を拒否したりするなど，法規制への過剰な反応がみられることもありました。

　法施行から数年を経て，本当に優先して保護すべき個人情報はなにかといったことへの理解が進み，過剰な対応も少なくなるとともに個人情報保護法は世の中に浸透していきました。

1-2 個人情報保護法の改正

　個人情報保護法の施行後，情報通信技術はさらに加速度的に発展し，個人の属性，行動，嗜好等に関する膨大なデータ，いわゆる「ビッグデータ」の入手・分析が容易になり，さまざまな分野において有効活用できる状況となってきました。一方で，個人情報保護法は，施行から10年が経過し，個人情報の利活用と個人情報の保護のバランスをどのように保つべきかといった観点から，法規制におけるさまざまな課題が浮き彫りとなってきました。

　そこで，個人情報保護法の見直しの機運が高まり，さまざまな議論を経て，2017年5月30日に改正個人情報保護法が施行されました。この法改正では，個人情報保護法成立当初の目的に立ち返り，個人情報の有用性を生かすための改正が行われています。

　法改正の理念については，以下のとおり，第1条に「目的」として明確に示されています。

図表Ⅰ-1-2　法改正前後での「目的」の違い

（改正前）
個人情報の**有用性に配慮**しつつ，個人の権利利益を保護することを目的とする。

↓ 個人情報の活用が具体的に明記

（改正後）
個人情報の**適正かつ効果的な活用が新たな産業の創出並びに活力ある経済社会及び豊かな国民生活の実現に資する**ものであることその他の個人情報の有用性に配慮しつつ，個人の権利利益を保護することを目的とする。

図表Ⅰ-1-3　2017年5月の改正内容

改正項目	主な内容
1. 個人情報の定義の明確化	● 個人識別符号の新設 ● 要配慮個人情報の新設（本人同意の義務化）
2. 個人情報の利活用	● 匿名加工情報の新設
3. 個人情報保護の強化 （名簿屋対策）	● オプトアウト規定の厳格化（届出，公表等） ● トレーサビリティの確保（第三者提供の内容確認，記録の保存） ● データベース提供罪の新設
4. グローバル化への対応	● 海外への第三者提供 ● 国境を越えた適用と外国執行当局への情報提供
5. その他	● 個人情報取扱事業者の例外規定の撤廃 ● 個人情報保護委員会の新設

　改正前と比較して「個人情報の有用性」がより具体的に明確化されていることがわかります。国策の1つとして個人情報の保護と利活用を両輪で推進することで，個人情報の経済への活用を阻害しないという狙いもあったようです。

　おもな改正内容は**図表Ⅰ-1-3**のとおりです。ビッグデータの利活用を図るための規定を組み込む一方で，大規模な個人情報漏えい事件によって世の中に知られることとなった個人情報の売買をビジネスとした名簿屋への対策も含まれています。

1-3 規制の概要

　個人情報保護法は，以下のような規定により構成されています。内容は大きく分けて3つに分類され，①個人情報を取得する際の通知など，本人への対応に関する規定，②取得した個人情報の安全管理に関する規定，③個人情報を第三者に提供する際の制限に関する規定となっています。

　個人情報を取り扱う情報通信技術等の変化のスピードは急速であり，その都度法改正を重ねることは現実的ではないため，**図表Ⅰ-1-4**の規定では，多くの詳細について，政令や個人情報保護委員会規則にて定められています。事業者

図表Ⅰ-1-4　個人情報保護法の構成

No.	条項	規定内容	2017年5月の主な改正	規制の分類
1	15条	利用目的の特定		取得に関する規制
2	16条	利用目的による制限		
3	17条1項	適正な取得		
4	17条2項	要配慮個人情報の取得	○	
5	18条	利用目的の通知等		
6	19条	データの正確性確保		安全管理に関する規制
7	20条	安全管理措置		
8	21条	従業者の監督		
9	22条	委託先の監督		
10	23条	第三者提供の制限		第三者への提供に関する規制
11	24条	外国の第三者への提供の制限	○	
12	25条	提供者の記録義務	○	
13	26条	受領者の確認・記録義務	○	
14	27条	保有個人データの公表等	○	
15	28-30条	開示，訂正，利用停止等		本人からの依頼に関する規制
16	36-39条	匿名加工事業者の義務	○	匿名加工に関する規制
17	75-78条	域外適用	○	その他
18	82-88条	罰則	○	

図表Ⅰ-1-5　事業者に対する規制の体系

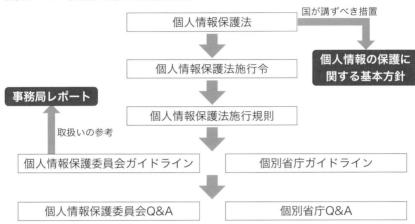

における個人情報の具体的な取扱い手続については，個人情報保護委員会から事例等を交えたガイドラインが公表されており，個別の取扱いが発生する金融，医療，電気通信等の事業者については，別途監督官庁から追加のガイドラインも公表されています。また，特別な取扱いを要する匿名加工等については別途事務局レポートが公開されており，より詳細な検討の際に参照できます。

個人情報保護委員会のガイドラインについては，通則だけでなく，より詳細な取扱いが必要なテーマについて以下にあげるように，それぞれ別冊が作成されています。

- 『個人情報の保護に関する法律についてのガイドライン』
「通則編」「外国にある第三者への提供編」
「第三者提供時の確認・記録義務編」「匿名加工情報編」
- 『個人データの漏えい等の事案が発生した場合等の対応について』

なお，名称はガイドラインとなっていますが，本文中では，「本ガイドラインの中で，『しなければならない』および『してはならない』と記述している事項については，これらに従わなかった場合，法違反と判断される可能性がある」との記載があり，実質的な強制力をもったものとなっている点に注意する必要があります。

1-4 個人情報の取得

> **第18条1項**
> 個人情報取扱事業者は、個人情報を取得した場合は、あらかじめその利用目的を公表している場合を除き、速やかに、その利用目的を、本人に通知し、又は公表しなければならない。
>
> **第18条2項**
> 個人情報取扱事業者は、前項の規定にかかわらず、(…略…) 本人から直接書面に記載された当該本人の個人情報を取得する場合は、あらかじめ、本人に対し、その利用目的を明示しなければならない。ただし、人の生命、身体又は財産の保護のために緊急に必要がある場合は、この限りでない。

　上記の通り、個人情報保護法では、個人情報を取得する際には利用目的を本人に知らせることを義務づけており、特に直接書面等にて個人情報を取得する場合は、あらかじめ本人に利用目的を明示しなければならないと定められています。ここでいう「明示」とは、本人に対し利用目的を明確に示すことをいい、事業や個人情報の取扱状況に応じて、本人に内容が確実に認識されるような、合理的で適切な方法をとる必要があります。一般的には取引を申込む際の申込書等の書面やウェブサイト上の申込画面上等に利用目的を記載しているケースが多くみられます。利用目的の明示に関する取扱いとしては、ガイドラインに事例として以下のような留意事項が記載されています。

- 契約約款等の書面中に利用目的条項を記載する場合は、たとえば、裏面約款に利用目的が記載されていることを伝える、または裏面約款等に記載されている利用目的条項を表面にも記載し、かつ、社会通念上、本人が認識できる場所および文字の大きさで記載するなど、本人が実際に利用目的を確認できるよう留意することが望ましい。
- ネットワーク上において個人情報を取得する場合は、本人が送信ボタン

等をクリックする前などにその利用目的（利用目的の内容が示された画面に1回程度の操作でページ遷移するよう設定したリンクやボタンを含む）が本人の目にとどまるようその配置に留意することが望ましい。

なお，書面等での直接取得以外の方法によって個人情報を取得する場合にて本人への通知が不要となる要件として「あらかじめ利用目的を公表している場合（を除き通知しなければならない）」と定められています。たとえば，コールセンタ等による通話記録，口頭での取得，公開情報からの取得，アンケート業者等からの取得，受託業務上の取得，防犯カメラ等による映像記録等が該当します。公表方法については，自社ホームページへの掲載や店頭でのポスター掲示・チラシ配布等の方法をとっているケースが多く，これにより，法律上は本人に対して通知したことと同等に取り扱われるものの，本人がホームページにアクセスする（たとえアクセスしても個人情報の利用目的を参照する）とは限らず，現実的には個人情報がさまざまなことに利用されていても本人がその利用目的を十分に理解していないといったケースはよくみられます。

図表Ⅰ-1-6　利用目的の明示の事例

○	△	×
【取引申込書】 ●氏名：△△△△△ ●住所：△△△△△△△△ ●電話：△△△△△△ ●内容：△△△△△△△ <個人情報の利用目的> ××××××× ×××××××	【取引申込書】 ●氏名：△△△△△ ●住所：△△△△△△△△ ●電話：△△△△△△ ●内容：△△△△△△△ ※個人情報の利用目的は，裏面に記載されています。 【裏面】 <個人情報の利用目的> ××××××× ×××××××	【取引申込書】 ●氏名：△△△△△ ●住所：△△△△△△△△ ●電話：△△△△△△ ●内容：△△△△△△△ （特に注記なし） 【裏面】 <個人情報の利用目的> ××××××× ×××××××

書面の裏面に利用目的が記載されていても本人が気づかない可能性があるため，適切な方法とはいえない。
表面や別配付資料等であっても膨大な契約約款の一部として記載されているような場合は，同様に本人が明確に確認できるとはいえない。

1-5 安全管理措置

> **第20条**
> 個人情報取扱事業者は,その取り扱う個人データの漏えい,滅失又はき損の防止その他の個人データの安全管理のために必要かつ適切な措置を講じなければならない。

　個人情報が漏えいすることのないように適切に安全管理をするための具体的な内容については,法律が全事業分野を対象としているため,ある程度包括的な規定とせざるをえないことから,法律にて直接的には定められていません。事業者の取り扱う個人情報の内容や利用方法等が異なることから,個人情報保護委員会が公表する統一的なガイドラインだけでなく,各省庁でも,以下にあげるように,所管する事業分野の実情に応じた個人情報の取扱いに関するガイドラインを定めています。

- 金融関連分野ガイドライン
- 医療関連分野ガイドライン
- その他特定分野ガイドライン等
  - 電気通信事業分野ガイドライン
  - 放送分野ガイドライン
  - 郵便事業分野ガイドライン
  - 信書事業分野ガイドライン
  - 個人遺伝情報ガイドライン

　事業者が個人情報の安全管理に関する取組みについて具体的なイメージをもつことができるようにガイドラインにはできるだけ事例等を盛り込むとともに,別途事業者からの質問に回答する形式でのQ&Aも作成されています。
　安全管理措置の基本的な枠組みについては,個人情報だけでなく情報セキュリティ全般にて一般的に適用されている組織的対応,人的対応,物理的

対応，技術的対応の4つの観点から検討する必要があります。安全管理措置として想定される事項は**図表Ⅰ-1-7**のとおりです。

図表Ⅰ-1-7　安全管理措置のおもな内容

①組織的安全管理措置
- 組織態勢・規程等の整備・運用
- 取扱状況の一覧の整備
- 評価，見直しおよび改善
- 事故または違反への対処

②人的安全管理措置
- 従業者との機密保持契約締結
- 委託契約等における機密保持条項
- 委託先等への規程等の周知

③物理的安全管理措置
- 入退館（室）管理の実施
- 盗難等の防止
- 機器・装置等の物理的な保護

④技術的安全管理措置
- アクセス制御・権限管理・記録
- 不正ソフトウェア対策
- 移送・送信時の対策
- ITの動作確認時の対策

1-6 従業者および委託先の監督

> **第21条**
> 個人情報取扱事業者は，その従業者に個人データを取り扱わせるに当たっては，当該個人データの安全管理が図られるよう，当該従業者に対する必要かつ適切な監督を行わなければならない。
>
> **第22条**
> 個人情報取扱事業者は，個人データの取扱いの全部又は一部を委託する場合は，その取扱いを委託された個人データの安全管理が図られるよう，委託を受けた者に対する必要かつ適切な監督を行わなければならない。

　事業者には，個人情報に関する安全管理措置を講じるだけでなく，それを遵守させるために従業者に対する適切な監督が求められています。個人情報を安全に管理するための規程やマニュアル等をいかに詳細に定めたとしても，従業者が適切に遵守していなければ個人情報の漏えいを防止することはできません。したがって，従業者が定められた安全管理に関するルールを遵守しているかどうかをチェックし，問題があればすぐに改善するための監督が必要となるのです。

　ここでいう従業者とは，正社員だけでなく，契約社員，パート社員，アルバイト等，事業者と雇用関係にあるすべての者が含まれています。また，雇用関係にない取締役，執行役，理事，監査役等も含まれるので注意する必要があります。従業者の監督として想定される事項は以下のとおりです。

- 人的安全管理措置（秘密保持契約の締結や誓約書の提出，教育・訓練）が適切に実施されていることの確認
- 各種管理手続の遵守状況の確認
- セキュリティカードや監視カメラによる行動の記録・確認
- 情報システムやネットワークへのアクセスの記録・確認

- 電子メールの履歴の記録・確認

監視カメラや情報システム等により従業者の行動を監視することについては，常時監視としなくても行動を記録していることを従業者に周知するだけでも不正行為を抑制する効果があります。一方で，従業者への過度なコントロールとしてプライバシーの侵害となるおそれもあるため，従業者の監視をする場合には目的や具体的な内容を明文化し，十分な説明を行う必要があります。

監督義務は，従業者だけでなく，個人情報の取扱いに携わる委託先についても求められています。事業者が自社にて十分な安全管理措置を行っていたとしても委託先が個人情報を漏えいしてしまった場合，委託元の事業者が監督責任を果たしていないことになります。したがって，委託先に対する監督は，自社の安全管理措置と同等の措置がとられていることを求めたうえで，自社の従業者同様に委託先に対しても必要かつ適切な監督をする必要があります。

委託先が別の事業者に再委託を行う場合には，委託元は直接の委託先と同様に再委託先についても監督を行う必要があります。この場合，再委託先の監督については，必ずしも委託元が直接監督しなければならないということはなく，委託先が再委託先に対して適切に監督しているかを確認することにより代替することも可能です。

委託先の監督として想定される事項は，以下のとおりです。

- 委託先の選定基準を制定し，当該基準に基づき選定すること
- 委託先に安全管理措置を遵守させるために必要な契約を締結すること
- 委託先における個人データの取扱状況を把握すること
- 必要に応じて委託先に対する監査を実施すること

1-7 第三者提供

> **第23条１項**
> 個人情報取扱事業者は，次に掲げる場合を除くほか，あらかじめ本人の同意を得ないで，個人データを第三者に提供してはならない。（各号列記省略）
>
> **第23条２項**
> 個人情報取扱事業者は，第三者に提供される個人データ（要配慮個人情報を除く。以下この項において同じ。）について，本人の求めに応じて当該本人が識別される個人データの第三者への提供を停止することとしている場合であって，次に掲げる事項について，個人情報保護委員会規則で定めるところにより，あらかじめ，本人に通知し，又は本人が容易に知り得る状態に置くとともに，個人情報保護委員会に届け出たときは，前項の規定にかかわらず，当該個人データを第三者に提供することができる。（各号列記省略）
>
> **第23条４項**
> 個人情報保護委員会は，第２項の規定による届出があったときは，個人情報保護委員会規則で定めるところにより，当該届出に係る事項を公表しなければならない。

　個人情報が本人の意思に関係なく利用されることを制限するため，個人情報を第三者に提供する場合には，あらかじめ本人の同意が必要と定められています。同意を得る方法については特に規定されていないため，必ずしも同意書のような文書が必要というわけではありませんが，事業分野ごとのガイドラインによっては書面による同意を原則とする場合があるので注意が必要です。

　なお，一定の要件を満たせばあらかじめ本人の同意を得ずに第三者に個人データを提供できる方法が第23条２項に規定されています。一定の要件とは，定められた事項（後述）について，あらかじめ本人に通知もしくは「容易に知り得る状態」にすることです。これがいわゆるオプトアウト方式とい

図表Ⅰ-1-8　オプトインとオプトアウトの違い

オプトイン (Opt-in)	第三者提供について，本人から事前の同意を得る。	第23条 1項
オプトアウト (Opt-out)	第三者提供について，「本人が容易に認識し得る状態」にしておけば，本人が拒否をしない限り同意したものとみなす。	第23条 2項

うものです。オプトアウトとは，本人の同意がなくても第三者提供を行ってもよいが，本人が拒否する旨の意思表示をした場合にはそれをやめなければならないというものです。たとえば，ネット・ショッピングの購入画面に「新商品情報等のメールを希望する」といったチェックボックスがよくありますが，最初からチェックがついていない（＝購入者がチェックすることで同意を示す）ものはオプトイン方式，チェックがついている（＝購入者がチェックを外すことで拒否を示す，すなわちチェックを外さなければ同意したものとみなす）ものはオプトアウト方式となります。

　このオプトアウトに関する規定により，前述の利用目的の通知・公表に関する規定と同様，法律上は本人が同意を得て第三者提供をしている場合と同等に取り扱われますが，本人が利用目的を確認するためにわざわざウェブサイトを確認することは現実的ではなく，実際には本人に拒否の機会が十分に与えられずに第三者提供が行われており，問題となっていました。

　この点に鑑み，2017年5月30日に施行された個人情報保護法の改正では，オプトアウト方式について以下の見直しが行われました。

- 本人に通知等すべき事項として定められた事項に以下の①〜⑤を追加する。

　①第三者への提供を利用目的とすること
　②第三者に提供される個人データの項目
　③第三者への提供の手段または方法
　④本人の求めに応じて第三者への提供を禁止すること
　⑤本人の求めを受け付ける方法

- 本人への通知等について，個人情報保護委員会規則の以下の定めによる。
  - 本人が提供の停止を求めるのに必要な期間をおく
  - 本人が確実に認識できる適切かつ合理的な方法による
  - 本人に通知等すべき事項について，個人情報保護委員会に事前の届出を必要とする
  - 第三者に提供するデータ項目，提供方法，本人の求めを受け付ける方法を変更する場合にも，個人情報保護委員会に事前の届出を必要とする
  - 上記の届出があった場合には，個人情報保護委員会は届出事項について公表する

これからのパーソナルデータ／プライバシー管理①
── **プロファイリング規制の時代到来** ──

オンラインショッピングサイトを閲覧，利用すると，以降その利用者の好みにあったおすすめ商品やサービスが画面表示されるようになります。これは企業がマーケティング活動の一環として，サイト利用者の購入履歴やアンケートを通じ，好みが似たほかの利用者の情報を収集，分析のうえ個別配信（リコメンド）していることによるものです。同様にスマートフォンやカーナビからのGPS情報についても，これらを通じてユーザの行動履歴を収集，分析することでさまざまな分野のビジネス戦略に活用されています。

このように膨大なパーソナルデータを集めてシステム上で解析処理し，個人がおかれている環境や趣味・嗜好，あるいは健康状態といった多くの属性を推測する手法はプロファイリングとよばれています。ビッグデータの利活用が広がりを見せている昨今において，プロファイリングによるデータ分析は企業にとって欠かせないビジネス上の活動であり，消費者にとっても自分の好みにあった情報提供が受けられるという点においては，双方にメリットがもたらされる利便性の高い手法であるといえます。

しかし，プロファイリングが必要以上に進んでいくと，他人に知られたくない情報までもプロファイリングを通じて浮き彫りにされてしまうことになりかねず，こうなると明らかにプライバシーの侵害につながってしまいます。さらに，たとえばプロファイリングの結果推測された情報をもとに，企業が人事採用やローンの審査手続などの局面において不当な意思決定をするといったケースも考えられ，個人にとって不利益を被る事態を引き起こす要因になりかねません。

このような問題点を踏まえ，EUではGDPRのなかで個人の権利としてプロファイリングに異議を唱える権利や，自動処理に基づいた重要な決定には服しない権利を定めています（GDPR第22条）。すなわちプロファイリング規制を法律で明文化することで，本人の意思に反した個人データの自動収集，解析行為にブレーキをかける仕組みを用意したのです。

2017年5月から施行された日本の改正個人情報保護法には，こうしたプロファイリングに関する規制は設けられていません。しかし今後AI（人工知能）の社会的実用化が進み，日本においても私たちの想像を超えるボリュームのデータをもとにプロファイリングが発達していくことを考えると，日本企業としてもパーソナルデータとどのように向き合い，個人の権利を守るための説明責任を果たしていくかという課題について，十分に議論を重ねていく必要があります。

現行の個人情報保護法下では，今後3年ごとに法制化すべき論点を検討し，必要に応じて法令の見直しを実施することが規定されています。プロファイリング規制に関しても，今後法改正に向けた検討を経たうえで，いずれ日本社会に定着する日が訪れるものと思われます。

2

個人情報保護法⑵
―2017年5月の法改正におけるポイント―

2-1 個人識別符号

> **第2条1項**
> この法律において「個人情報」とは，生存する個人に関する情報であって，次の各号のいずれかに該当するものをいう。
> 一　当該情報に含まれる氏名，生年月日その他の記述等（…略…）により特定の個人を識別することができるもの（…略…）
> 二　個人識別符号が含まれるもの
>
> **第2条2項**
> この法律において「個人識別符号」とは，次の各号のいずれかに該当する文字，番号，記号その他の符号のうち，政令で定めるものをいう。
> 一　特定の個人の身体の一部の特徴を電子計算機の用に供するために変換した文字，番号，記号その他の符号であって，当該特定の個人を識別することができるもの
> 二　個人に提供される役務の利用若しくは個人に販売される商品の購入に関し割り当てられ，又は個人に発行されるカードその他の書類に記載され，若しくは電磁的方式により記録された文字，番号，記号その他の符号であって，（…略…）特定の利用者若しくは購入者又は発行を受ける者を識別することができるもの

　情報通信技術の進展により，個人情報保護法上の個人情報に該当するかが不明確であるといった情報が増えてきました。たとえば，監視カメラの画像から個人を特定できるようにした顔認識データや，スマートフォンのGPS機能によって所有者の所在地を特定した位置情報データ等があげられます。

　こうした状況に対応すべく，個人情報の定義が一部修正され，「個人識別符号」として定義された情報が含まれるものについても個人情報に該当することが明記されました。個人識別符号については，政令および個人情報保護委員会規則にて，以下のように定められています。

①身体の特徴を変換した文字，番号，記号により本人を認証できるもの
- DNA の塩基配列
- 顔の骨格，皮膚の色，目・鼻・口等の部位の位置・形状等
- 虹彩の模様
- 声の質
- 歩行の態様（姿勢，両腕の動作，歩幅等）
- 静脈
- 指紋，掌紋
- 上記組合せ

②旅券番号
③基礎年金番号
④運転免許証番号
⑤住民票コード
⑥個人番号（マイナンバー）
⑦以下の保険等の証明書に記載された文字，番号，記号等
- 国民健康保険
- 後期高齢者医療制度
- 介護保険
- 健康保険，雇用保険，私立学校教職員共済，公務員共済，船員保険，特別永住者証明，出入国管理法・難民認定法による旅券

図表Ⅰ-2-1　おもな個人識別符号の例

【身体の一部をデータ化】　【役務利用等における番号】

顔認識画像　指紋認証　運転免許証　パスポート

2-2 要配慮個人情報

> **第2条3項**
> この法律において「要配慮個人情報」とは、本人の人種、信条、社会的身分、病歴、犯罪の経歴、犯罪により害を被った事実その他本人に対する不当な差別、偏見その他の不利益が生じないようにその取扱いに特に配慮を要するものとして政令で定める記述等が含まれる個人情報をいう。

　改正前の個人情報保護法では、個人情報の取扱いに関するさまざまな規制が、その内容や性質に関係なく一律に取り決められていたため、個人にとっての重要性の程度にかかわらず、事業者によってすべての個人情報に対して同じような管理がなされていました。一方で、各省庁の定めるガイドラインでは、重要な個人情報について特別の取扱いを定めているケースもありました。

　このような状況を勘案し、改正後の個人情報保護法では、個人情報のうち本人に対する不当な差別、偏見その他の不利益が生じないよう、その取扱いに配慮を要するものを新たに「要配慮個人情報」として定めています。要配慮個人情報を取得する際には、原則として本人の同意が義務化されるとともに、本人の同意を得ない第三者提供の特例であるオプトアウト（第23条2項）からも対象外とされました。要配慮個人情報についても個人識別符号と同様に、従来から個人に関連する重要な情報として厳格に管理すべきものであるため、法改正によって新しく対応が必要となるものは限定的と考えられます。

図表Ⅰ-2-2　要配慮個人情報の定義

```
● 人種　● 信条　● 社会的身分
● 病歴　● 犯罪の経歴
● 犯罪により害を被った事実
● その他不当な差別，偏見等が生じないよう特に配慮を要するもの
　（※政令で規定）
```

※政令で定めるもの
①病歴に準ずるもの
● 心身の機能の障害（身体障害，知的障害，精神障害（発達障害含む）等）
● 健康診断・ストレスチェック等の結果
● 健康診断等の結果にもとづき，又は疾病等を理由として行われた保健指導等もしくは調剤を受けた事実
②犯罪の経歴に準ずるもの
● 被疑者又は被告人として逮捕等の刑事手続が行われた事実
● 非行少年又はその疑いのある者として保護処分等，少年の保護事件の手続が行われた事実

※以下のような要配慮個人情報を推知させる情報にすぎないもの等については，要配慮個人情報に含まれない。
● 信条には，宗教関連書籍の購買・貸出に係る情報は含まれない
● 人種には，単純な国籍，「外国人」という情報，肌の色は含まれない
● 社会的身分には，単なる職業的地位や学歴は含まれない

● 要配慮個人情報を取得する場合には，原則として本人の同意が必要
● 要配慮個人情報の第三者提供は，オプトアウトの対象外

2-3　匿名加工情報

> **第2条9項**
> この法律において「匿名加工情報」とは，（…略…）特定の個人を識別することができないように個人情報を加工して得られる個人に関する情報であって，当該個人情報を復元することができないようにしたものをいう。（各号列記省略）

　ビッグデータの利活用においては，二次利用まで含めた同意を取得しておくことや利用目的変更の都度，同意を取得することなど，法規制への対応が大きな妨げとなっていました。そこで，利用目的の特定や第三者提供の制限といった個人情報の取扱いに関する規定の適用外とすべく，誰の情報かわからないようにデータを加工するとともに個人情報として復元できないようにした「匿名加工情報」という概念が新たに規定されました。匿名加工情報は個人情報には該当しないため，本人の同意なしで第三者提供が可能となることから，企業はこうした匿名加工情報をもとに，ビッグデータの利活用に向けた取組みを促進することが可能となります。

　一方で，安易な加工や取扱い等によって，もととなった個人情報が容易に復元・利用されてしまうようなことがないように，匿名加工情報取扱事業者については，匿名加工情報の作成，取扱い，および第三者提供を行う際に遵守しなければならない義務が課されています。

　なお，上記の匿名加工情報取扱事業者の義務に記載している加工に関する基準や方法，第三者提供における公表・明示の方法等の具体的な内容については，個人情報保護委員会により以下のとおり定められています。

（1）匿名加工情報の作成方法に関する基準

　個人情報を匿名加工情報とするには，以下のように特定の個人を識別できる記述等を削除するか，あるいはほかの記述等に置き換える必要があります。

図表Ⅰ-2-3　匿名加工情報取扱事業者の義務

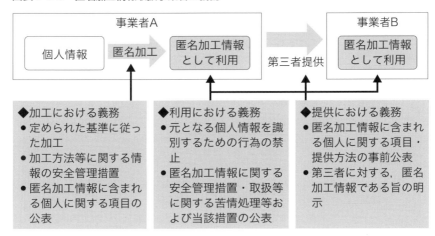

ほかの記述等に置き換える場合には，もとの記述等を復元できるような規則性のない方法でなければなりません。

- 個人情報に含まれる特定の個人を識別することができる記述等の全部または一部を削除すること
- 個人情報に含まれる個人識別符号の全部を削除すること
- 個人情報と匿名加工情報とを連結する符号を削除すること
- 特異な記述等（症例のきわめて少ない病歴や著しく高い年齢等）を削除すること
- 加工元となる個人情報データベース等において上記の加工を行わないその他の情報により特定の個人を識別できる場合には，当該情報を削除する（購買履歴，位置情報等）

〈加工の例〉
- 氏名を削除する
- 住所を○○県△△市に置き換える
- 購入者がきわめて限定的な商品の購買履歴について，商品情報を一般的な商品カテゴリに置き換える

図表Ⅰ-2-4　匿名加工に係る手法の例

手法名	解説
項目削除／レコード削除／セル削除	加工対象となる個人情報データベース等に含まれる個人情報の記述等を削除するもの。たとえば、年齢のデータをすべての個人情報から削除すること（項目削除）、特定の個人の情報をすべて削除すること（レコード削除）、または特定の個人の年齢のデータを削除すること（セル削除）。
一般化	加工対象となる情報に含まれる記述等について、上位概念もしくは数値に置き換えることまたは数値を四捨五入などして丸めることとするもの。たとえば、購買履歴のデータで「きゅうり」を「野菜」に置き換えること。
トップ（ボトム）コーディング	加工対象となる個人情報データベース等に含まれる数値に対して、特に大きいまたは小さい数値をまとめることとするもの。たとえば、年齢に関するデータで、80歳以上の数値データを「80歳以上」というデータにまとめること。
ミクロアグリゲーション	加工対象となる個人情報データベース等を構成する個人情報をグループ化した後、グループの代表的な記述等に置き換えること。
データ交換（スワップ）	加工対象となる個人情報データベース等を構成する個人情報相互に含まれる記述等を（確率的に）入れ替えること。
ノイズ（誤差）の付加	一定の分布に従った乱数的な数値を付加することにより、ほかの任意の数値へと置き換えること。
疑似データ生成	人工的な合成データを作成し、これを加工対象となる個人情報データベース等に含ませること。

出所：「個人情報保護法ガイドライン（匿名加工情報編）」（別表1）匿名加工情報の加工に係る手法例

（2）加工方法等情報の安全管理措置の基準

　匿名加工情報の作成の際に個人情報から削除した記述等および個人識別符号、加工の方法に関する情報をあわせて、「加工方法等情報」といいます。加工方法等情報は、匿名加工情報をもとの個人情報に復元することができるため、以下の安全管理措置が必要となります。

- 取扱い者の権限および責任を明確に定める
- 取扱いに関する規程類を整備し、当該規程類に従って加工方法等情報を適切に取り扱う

- 上記規程類に基づく取扱いの状況について評価を行い，その結果を踏まえた改善を図る
- 電子媒体の紛失・盗難防止や情報システムへのアクセス制御等，正当な権限を有しない者による加工方法等情報の取扱いを防止する

(3) 作成時における公表

- 匿名加工情報を作成した後，遅滞なく，インターネット等により当該匿名加工情報に含まれる個人に関する情報の項目について公表を行う
- 情報の項目および加工方法が同じであり，反復・継続的に匿名加工情報を作成する場合には，最初の公表の際に作成期間や継続作成を予定している旨等をあわせて公表することにより，その後の公表は省略可能となる
- 委託を受けて匿名加工情報を作成した場合は，委託元の事業者が公表する。当該公表をもって委託先の事業者が公表したものとみなす

〈公表する項目の例〉
- 「氏名・性別・生年月日・購買履歴」のうち，氏名を削除したうえで，生年月日の一般化，購買履歴から特異値等を削除するなど加工して，「性別・生年・購買履歴」の匿名加工情報を作成した場合には「性別」，「生年」，「購買履歴」を公表する

(4) 第三者提供時における公表・明示の方法

　匿名加工情報を第三者に提供する場合には，事前に定められた事項を公表し，提供先に対して提供する情報が匿名加工情報である旨を明示しなければなりません。なお，匿名加工情報をインターネット等にて公開する場合についても不特定多数への第三者提供に該当するため，当該義務を履行しなければなりません。

- 第三者提供時には，インターネットの利用その他の適切な方法により，以下の事項について公表を行う
    - 匿名加工情報に含まれる個人に関する情報の項目

○ 提供の方法(「ハードコピーを郵送」,「データをサーバにアップロード」等)
○ 提供先への匿名加工情報である旨の明示は,電子メールを送信する方法または書面を交付する方法その他適切な方法により行う

(5) 匿名加工情報の安全管理措置等(努力義務)

匿名加工情報は,特定の個人を識別することができない情報ではあるものの,加工方法等情報により復元可能であることから,安全管理措置を講じ,かつ当該措置の内容を公表することが,「努力義務」として規定されています。

図表Ⅰ-2-5 個人情報の定義(まとめ)

【個人情報に該当するもの】
a. 一般的な個人情報(第2条1項1号)
 - 氏名,住所,生年月日など
 - 移動履歴,購買履歴など(他の情報と容易に照合することができ,それにより特定の個人を識別することができる情報)
b. 個人識別符号①(第2条2項1号)
 - 指紋認証データ,顔認識画像データ,歩容(歩行の態様)認証データなど
c. 個人識別符号②(第2条2項2号)
 - 個人番号(マイナンバー),運転免許証番号,パスポート番号,基礎年金番号,保険証番号など
d. 要配慮個人情報(第2条3項)
 - 人種,信条,社会的身分,病歴,犯罪の経歴など

【一概に個人情報とはいえないもの(グレーゾーン)】
- 携帯電話番号,クレジットカード番号,メールアドレス,会員IDなど

【個人情報にはあたらないもの】
- (携帯電話などの)通信端末ID
- 匿名加工情報(第2条9項)

2-4 トレーサビリティの確保

> **第25条**
> 個人情報取扱事業者は，個人データを第三者（…略…）に提供したときは，個人情報保護委員会規則で定めるところにより，当該個人データを提供した年月日，当該第三者の氏名又は名称その他の個人情報保護委員会規則で定める事項に関する記録を作成しなければならない。
>
> **第26条**
> 個人情報取扱事業者は，第三者から個人データの提供を受けるに際しては，個人情報保護委員会規則で定めるところにより，次に掲げる事項の確認を行わなければならない。
> 一　当該第三者の氏名又は名称及び住所並びに法人にあっては，その代表者の氏名
> 二　当該第三者による当該個人データの取得の経緯

　大手企業の大規模な個人情報流出事件が発生し，顧客データが名簿業者を通じて他社に渡ったという経緯から，個人データを販売することを業とする名簿業者の存在や，その名簿を利用してDM等を発送している競合事業者等の存在が世の中に知れ渡ることとなりました。このような問題を受けて個人情報保護法の改正に名簿取引に関する規制を盛り込むべきではとの意見が強まり，法改正によりトレーサビリティの確保や第Ⅰ部 **2-7** で解説するデータベース提供罪が規定されました。
　本規定では，トレーサビリティを確保するために，個人データの提供者は受領者の氏名等を記録し，一定期間保存することが定められており，また，個人データの受領者においても提供者の氏名やデータ取得経緯等を確認し，その記録を一定期間保存することが定められています。オプトアウトによる第三者提供の場合のみといった限定はなく，すべての第三者提供において適用されること，また提供の対象となる個人情報も個人データベースではなく

個人データとして規定されていることから，一般の事業者における運用負荷が厳しいものになるのではないかと懸念されています。

図表Ⅰ-2-6　個人データの第三者提供をする／受ける場合の記録

作成方法	● 文書，電磁的記録，マイクロフィルム
タイミング	● 第三者提供の都度 ● ただし，継続的に提供する（もしくはそれが確実に見込まれる）場合は，一括作成可
記録の代替	● 本人に対する物品または役務の提供に関連して提供がなされる場合において，本人との契約書その他の書面に下記の記録すべき事項が記載されているときは，当該書面をもって代替可
記録事項	● 提供年月日 ● 本人の同意を得ている場合はその旨／オプトアウトの場合は規定事項が公表されている旨 ● 提供側：相手の氏名・名称等（不特定かつ多数の者に対して提供したときは，その旨） 　受領側：相手の氏名・名称，住所，法人の場合は代表者氏名，当該個人データの取得経緯 ● 当該個人データの本人の氏名等 ● 当該個人データの項目
保存期間	● 契約書等にて代替した場合：最後の提供日から1年 ● 継続・反復提供における一括作成の場合：最後の提供日から3年 ● 上記以外の場合：3年

2-5 オプトアウト手続の厳格化

　オプトアウト手続の厳格化については，第三者提供にて述べたとおりです。個人データの第三者提供については，本人が認識しないところでオプトアウト手続がなされて第三者に提供されていることが問題であったため，法改正により厳格化されています。これにより，個人情報保護委員会の公表情報を確認することで，オプトアウト方式で第三者提供を行っている事業者に関する情報を本人が確認することができるようになるため，名簿業者によるオプトアウト手続の悪用を防止する効果が期待されています。

図表Ⅰ-2-7　オプトアウト手続の厳格化：オプトアウト手続の流れ

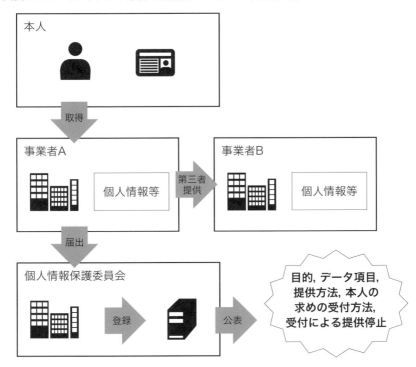

2-6 外国にある第三者への提供

> **法第24条**
> 個人情報取扱事業者は，外国（…略…）にある第三者（…略…）に個人データを提供する場合には，前条第一項各号に掲げる場合を除くほか，あらかじめ外国にある第三者への提供を認める旨の本人の同意を得なければならない。この場合においては，同条の規定は，適用しない。

　外国にある第三者への提供については，以下の2つの条件のいずれかを満たしていれば改正前と変更ありませんが，どちらも満たさない第三者に提供する場合には，本人からあらかじめ同意を得なければなりません。
- 日本と同等の水準で個人情報が保護されていると個人情報保護委員会が認めた国または地域にある
- 日本の個人情報取扱事業者と同じような個人情報保護の体制を整備している

　「外国にある第三者」の「第三者」とは，法人の場合，外国に所在があり，提供元と別の法人格を有するかどうかで判断します（**図表Ⅰ-2-8**参照）。

　グローバル企業では，従業者や顧客の個人データについて，グループ企業や取引先の間で共有していることは多いものと思われます。たとえば，給与・購買等の業務効率化のためにグローバルのすべての拠点の当該業務を外部委

図表Ⅰ-2-8　外国にある第三者の事例

該当する事例	・外資系企業の日本法人が外国にある親会社に個人データを提供する場合 ・日本企業が外国の法人格を取得している現地子会社に個人データを提供する場合
該当しない事例	・現地の事業所，支店等，同一法人格内での個人データの移動の場合 ・日系企業の東京本店が外資系企業の東京支店に個人データを提供する場合

2-6 外国にある第三者への提供

託等にて1拠点に集約するといったことはよくありますが、そのような場合でも本規定に該当し、必要に応じて対応しなければならない点に注意する必要があります。また、当該業務を自社で行っている場合であっても海外にデータセンタを設置しているクラウドベンダーのインフラ上にデータが保管されることにより、外国にある第三者への提供となるケースも想定されます。このような場合には、上記の2つの条件に該当するかについて適切に判断する必要があります。なお、2017年5月の施行時点では、個人情報保護委員会が日本と同等の水準で個人情報が保護されていると認めた国または地域はありません。したがって、本人からの事前同意を取得しないかぎりは、個人データを提供する外国にある第三者は、個人情報保護委員会が定める以下のいずれかの体制を整備する必要があります。

図表 I-2-9　外国にある第三者が整備すべき体制

個人情報保護法施行規則の規定

規則第11条1項
個人情報取扱事業者と個人データの提供を受ける者との間で、当該提供を受ける者における当該個人データの取扱いについて、適切かつ合理的な方法により、**法第四章第一節の規定の趣旨**に沿った措置の実施が確保されていること。

具体的な事例
- 外国にある事業者との契約、確認書、覚書等の締結
- 提供先がグループ会社の場合には、内規、プライバシーポリシー等の適用

 いずれかの体制が必要

規則第11条2項
個人データの提供を受ける者が、個人情報の取扱いに係る国際的な枠組みに基づく認定を受けていること。

- CBPR(Cross Border Privacy Rules)システム※の認証取得

※国境を越えて移転する個人情報を適切に保護するためにAPECが定めたAPEC越境プライバシールールについて、企業等の自己審査内容について認証機関の審査により認証を付与するシステム

2-7 データベース提供罪

> **第83条**
> 個人情報取扱事業者若しくはその従業者又はこれらであった者が，その業務に関して取り扱った個人情報データベース等を自己若しくは第三者の不正な利益を図る目的で提供し，又は盗用したときは，1年以下の懲役又は50万円以下の罰金に処する。

　個人情報保護法が最初に施行された際の罰則では，個人情報を不正に提供した者に対する直接的な刑事罰はありませんでした。個人情報保護法における各種の義務に違反した場合，まず主務大臣が個人情報取扱事業者に対して報告徴収，助言，勧告・命令といった措置をとり，当該命令に違反した場合に違反者に対して6ヵ月以下の懲役または30万円以下の罰金が科されるというものでした。その後，個人情報取扱事業者の従業員や委託先等による個人情報の大量漏えい事件が発生した結果，国民の強い懸念が示されるなかで罰則強化に向けた法制化が図られることになりました。

　2017年5月の改正では，個人情報データベース等を取り扱う個人情報取扱事業者やその従業者等が，不正な利益を図る目的で提供もしくは盗用した場合，1年以下の懲役または50万円以下の罰金を科せられるという罰則，いわゆるデータベース提供罪が新設されています。

2-8 個人情報取扱事業者の例外の撤廃

> **第2条5項**
> この法律において「個人情報取扱事業者」とは，個人情報データベース等を事業の用に供している者をいう。ただし，次に掲げる者を除く。
> 一　国の機関
> 二　地方公共団体
> 三　独立行政法人等（…略…）
> 四　地方独立行政法人（…略…）

　個人情報保護法が最初に施行された際には，第2条5項の個人情報取扱事業者の除外規定第5号において，「その取り扱う個人情報の量及び利用方法からみて個人の権利利益を害するおそれが少ないものとして政令で定める者」が定められており，過去6ヵ月において個人情報の件数が5000件を超えたことのない事業者は規制の対象外となっていました。当時は個人情報の安全管理の適切な措置を講じることは負担が大きく，中小規模事業者にその義務を負わせることは現実的ではないことから，一定の例外が設けられたのです。

　しかし，2017年5月の法改正ではこうした個人情報の取扱件数による例外は撤廃され，すべての事業者が個人情報取扱事業者として法の適用を受けることになりました。また，改正前から個人情報保護法への対応を行っていた大企業であっても，これまで対象外となっていた小規模なグループ子会社等も含まれているため，注意が必要です。この点において，附則の第11条にて，「これまで規制の対象外となっていた事業者が新たに個人情報取扱事業者になることに鑑み，特に小規模事業者の事業活動が円滑に行われるよう配慮するものとする」と規定しています。これにともない，個人情報保護委員会のガイドラインでは，番号法ガイドラインの記載に準じて，安全管理措置において中小規模事業者への特例的な対応や手法の例示等が記載されています。

2-9 個人情報保護委員会の設置

> **第59条**
> 内閣府設置法第四十九条第三項の規定に基づいて，個人情報保護委員会を置く。
>
> **第40条**
> 個人情報保護委員会は，前二節及びこの節の規定の施行に必要な限度において，個人情報取扱事業者又は匿名加工情報取扱事業者に対し，個人情報又は匿名加工情報の取扱いに関し，必要な報告若しくは資料の提出を求め，又はその職員に，当該個人情報取扱事業者等の事務所その他必要な場所に立ち入らせ，個人情報等の取扱いに関し質問させ，若しくは帳簿書類その他の物件を検査させることができる。

2017年5月の法改正にて，従来の各主務大臣による個人情報保護法の執行は，内閣府の外局として設置された個人情報保護委員会が一括して行うこととなりました。個人情報保護委員会は，個人情報の有用性に配慮しつつ，その適正な取扱いを確保することを目的とした独立性の高い機関となっています。従来の主務大臣の有する権限を集約するとともに，一定の場合において事業者に対して必要な報告や資料提出を求め，事業者の事務所等に立ち入り検査するなどの権限が付与されています。

〈組織〉
- 委員長1名，委員8名の合議制
- 委員長，委員は独立して職権を行使（独立性の高い，いわゆる3条委員会）

図表Ⅰ-2-10　個人情報保護委員会の役割

役割	具体的な内容
特定個人情報の監視・監督	行政機関や事業者等，特定個人情報の取扱者に対して，必要な指導・助言や報告徴収・立入検査を行い，法令違反があった場合には勧告・命令等を行う。
苦情あっせん等	特定個人情報の取扱い等に関する苦情あっせん相談窓口の設置・受付を行う。また，個人情報保護法の解釈や制度一般に関する疑問への問合せ窓口を設置・受付を行う。
特定個人情報保護評価	特定個人情報保護評価は，マイナンバー（個人番号）を利用する行政機関等が，総合的なリスク対策を自ら評価し公表するもので，その評価を行う際の内容や手続を定めた指針の作成等を行う。
基本方針の策定・推進	個人情報保護法に基づく「個人情報の保護に関する基本方針」の策定等を行い，官民の個人情報の保護に関する取組を推進する。
国際協力	個人情報の保護に関する国際会議へ参加するほか，海外の関係機関と情報交換を行い，協力関係の構築に努める。
広報・啓発	個人情報の保護および適正かつ効果的な活用について，パンフレット，ウェブサイト，説明会等を活用した広報・啓発活動を行う。
その他	上記の事務のほか，委員会の所掌事務の処理状況を示すための国会報告や必要な調査・研究等を行う。

3

JIS Q 15001：
プライバシーマーク

3-1 個人情報保護法との違い

　JIS Q 15001（個人情報保護マネジメントシステム−要求事項）とは，日本独自の規格であり，Plan Do Check Action の4プロセスからなる，マネジメントシステムであることが特徴です。JIS Q 15001と個人情報保護法は，個人情報の取扱いにおいて共通する点は多くありますが，さまざまな点でJIS Q 15001の方が厳格に定められていたり，細かく制約がかけられていたりするケースが多いです。したがって，一般的には，JIS Q 15001に準拠してPlan Do Check Action のDoを実施している事業者は，個人情報保護法の定めを最低限満たしているだけの事業者に比べて，保護の水準が高いとされています。

　このような個人情報に関する厳しい基準をクリアした事業者に認定を与える仕組みがプライバシーマーク制度です。

　プライバシーマーク制度では，事業者が個人情報の取扱いを適切に管理する体制を構築していることを審査したうえで，定められた基準に適合していることを認定した証として，「プライバシーマーク」の使用を認めています。プライバシーマークの表示および使用条件はプライバシーマーク使用規約で定められており，一般的には広告資料，名刺，封筒，ホームページ等に表示されています。

図表 I -3-1　プライバシーマークとデザインコンセプト

出所：一般財団法人日本情報経済社会推進協会（JIPDEC　http://www.privacymark.jp/wakaru/markdesign/index.html）

3-2 プライバシーマーク審査の概要

　プライバシーマークを取得するためには，一般財団法人日本情報経済社会推進協会（JIPDEC）または指定審査機関に申請したうえで，審査を受け，プライバシーマークの付与において適格と判定される必要があります。審査には，文書審査と現地審査があり，規格に対する整備と運用の状況を確認するものとなっています。文書審査および現地審査の具体的な内容については以下のとおりです。

(1) 文書審査

　文書審査では，おもに「内部規程のJIS Q 15001への適合状況」および「個人情報の保護を実現するための，具体的な手順，手段等の規定状況」の観点から審査されます。最低限，以下に関する具体的な手順，手段等を内部規程に定めることが必要です。

- 個人情報を特定する手順に関する規定
- 法令，国が定める指針その他の規範の特定，参照および維持に関する規定
- 個人情報に関するリスクの認識，分析および対策の手順に関する規定
- 事業者の各部門および階層における個人情報を保護するための権限および責任に関する規定
- 緊急事態（個人情報が漏えい，滅失またはき損をした場合）への準備および対応に関する規定
- 個人情報の取得，利用および提供に関する規定
- 個人情報の適正管理に関する規定
- 本人からの開示等の求めへの対応に関する規定
- 教育に関する規定
- 個人情報保護マネジメントシステム文書の管理に関する規定

- 苦情および相談への対応に関する規定
- 点検に関する規定
- 是正処置および予防処置に関する規定
- 代表者による見直しに関する規定
- 内部規程の違反に関する罰則の規定

(2) 現地審査

現地審査では，文書上の審査において生じた疑義の確認，および個人情報保護マネジメントシステムのとおりに体制が整備され，運用しているかなどについて確認します。現地審査では，おおむね以下のようなことについて確認を行います。

①代表者へのヒアリング
- 個人情報に関する事故の有無
- 事業内容／経営方針
- プライバシーマーク申請のきっかけ
- 個人情報保護方針とその周知方法
- 個人情報保護管理者・監査責任者の任命
- 代表者として認識しているリスク
- 事業者の代表者による見直し（マネジメントレビュー）

②運用状況の確認
- 申請担当者，個人情報保護管理者，監査責任者等へのヒアリング
- 事業の概要
- 個人情報を取り扱う業務
- 個人情報を特定する手順
- リスクの認識，分析，対策
- 個人情報を取得，利用，本人へのアクセス，第三者に提供する場合の措置
- 委託時の措置（委託先選定基準，委託契約）

- 本人からの要求に対する対応
- 教育
- 運用の確認，監査
- 是正および予防措置
- 事業者の代表者による見直し

③現場での実施状況の確認
- 個人情報保護方針の周知状況
- 物理的安全管理措置
    - 建物，室，サーバ室等の入退館（室）管理
    - 盗難等の防止
    - 機器・装置の物理的な保護
- 技術的安全管理措置
    - アクセス時の識別と認証（アクセス認証，デフォルト設定の変更状況，ID，パスワード等の発行・更新・廃棄）
    - アクセス制御，アクセス権限の管理，アクセスの記録
    - 不正ソフトウェア対策（ウイルス対策ソフトウェア，セキュリティパッチ等）
    - 移送・通信時の対策（授受確認，取得時・移送時の暗号化，クロスサイトスクリプティングやSQLインジェクション等への対策）
    - 情報システムの動作確認時の対策

④総　括
- 指摘事項等

3-3　プライバシーマークの更新

　プライバシーマーク付与の有効期間は2年間となっており，2年ごとに更新を行うことができます。更新申請は有効期間内に審査を受ける必要があるため，有効期間満了の8ヵ月前から4ヵ月前までの間に申請しなければなりません。

　プライバシーマーク制度は，事業者による自立的なPDCAサイクルの運用が求められていますので，次回の更新申請までの間においても規程類の見直しだけでなく，毎年の教育や内部監査の記録等，個人情報管理体制が適切に運用されていることの証跡が必要となります。また，要求事項の変更があった場合には，審査機関の指示に従い，定められた日までに当該変更についても適切に対応しなければなりません。

　なお，プライバシーマーク制度は，以下の目的に基づき運用されています。

- 消費者の目にみえるプライバシーマークで示すことによって，個人情報の保護に関する消費者の意識の向上を図ること
- 適切な個人情報の取扱いを推進することによって，消費者の個人情報の保護意識の高まりに応え，社会的な信用を得るためのインセンティブを事業者に与えること

4
マイナンバー法

4-1 マイナンバー制度の概要

　2016年1月より，社会保障および税の行政手続ならびに災害発生時の対応においてマイナンバーの利用が開始されました。マイナンバー制度に期待される効果は以下のとおりです。

(1) 公平・公正な社会の実現
　所得やほかの行政サービスの受給状況を把握しやすくなるため，税負担を不当に免れることや各種給付金を不正に受けることを防止するとともに，本来行政が手を差し伸べるべき人への支援が行えるようになります。

(2) 国民の利便性の向上
　いままでの行政手続に必要であった添付書類の削減など，行政手続が簡素化され，国民の負担が軽減されます。また，行政機関が保有する自身の情報を確認したり，行政機関からさまざまなサービスのお知らせを受け取ったりすることができるようになります。

(3) 行政の効率化
　行政機関や地方公共団体などで，さまざまな情報の照合，転記，入力などに要している時間や労力が大幅に削減されます。複数の業務の間での連携が進み，作業の重複などの無駄が削減されるようになります。

　番号制度の実現に際しては，①付番，②情報連携，③安全管理および本人確認といった仕組みが重要な概念としてあげられます。
　まず①付番とは，住民票を有する全員に対して，一人一番号で重複のないように，最新の基本4情報（氏名，住所，性別，生年月日）と関連づけられている新たな「個人番号」を付与する仕組みです。

図表 I-4-1　マイナンバー制度 「3つの目的」

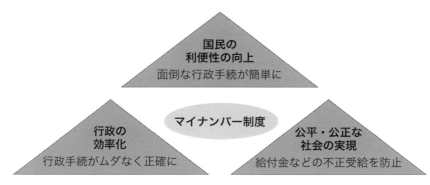

次に②情報連携とは、複数の行政機関間において、それぞれの機関ごとに個人番号やそれ以外の番号を付して管理している同一人の情報を紐づけし、相互に活用する仕組みです。

最後に③安全管理および本人確認とは、個人番号の不正閲覧や目的外利用を防ぐこと、および自分が自分であることを証明し個人番号の真正性を証明するための仕組みです。

このような仕組みを前提として制度設計が行われ、2015年10月より国民1人ひとりに対して12桁の個人番号が「通知カード」により各世帯に配布されました。また同様に法人に対しても、特定の法人その他の団体を識別するための番号として13桁の法人番号が付与されています。

コラム 2 ── マイナンバーに関連する法律の制定経緯 ──

　一般的にマイナンバー法とよばれていますが，正式名称は「行政手続における特定の個人を識別するための番号の利用等に関する法律」です。また，本法を含めたマイナンバー関連4法が2013年5月31日に公布されました。制度実施における詳細が定められたマイナンバー法の施行令，施行規則等も公布されています。

　マイナンバー制度の導入においては，1968年の国民総背番号制の頓挫から始まる，①個人番号の漏えいや悪用のおそれ，②なりすましによる犯罪行為の頻発，③国家による個人情報の一元管理等といった懸念事項に対する安全性を確保し，安心感を与えるため，制度上の保護措置，およびシステム上の安全措置を備えた制度設計が行われています。

マイナンバー法が制定されるまで

国民総背番号制（1968年）	●各省庁統一個人コード連絡研究会議を設置 →頓挫
↓	
グリーンカード制度（1980年）	●「少額貯蓄等利用カード」の導入を検討 →見送り
↓	
住民基本台帳ネットワーク（住基ネット）稼働（2003年）	●「住基カード」を交付 ●セキュリティ上の脆弱性が指摘され，接続可否の論争に発展
↓	
年金記録管理システムの再構築（2007年）	●「社会保障カード」の導入を検討 →マイナンバー制度へ

マイナンバー制度の制定経緯

マイナンバー関連法案①（2012年）	●（民主党政権）閣議決定，国会提出，衆議院解散 →廃案
↓	
マイナンバー関連法案②（2013年）	●（自民党政権）各党実務者による修正協議，閣議決定，国会提出　→可決 ●2015年10月より通知開始 ●2016年1月より利用開始 ●2017年1月以降マイナポータルの開設
↓	
改正マイナンバー法案（2015年）	●各党実務者による修正協議，閣議決定，国会提出　→可決（9月） ●2018年以降に金融分野および医療等分野での利活用開始

4-2 マイナンバーはどのように管理されるのか

　行政機関において，個人情報の管理は，「分散管理」により行われます。たとえば住民基本台帳や住民税に関する情報は市区町村，所得税などの国税に関する情報は税務署といったように，それぞれ分散したシステム・データベースで管理され，各機関は総務省が設置・管理する「情報提供ネットワークシステム」を介してマイナンバー（実際にはマイナンバーおよび通信を暗号化したキー）をキーとして他機関の情報を相互に利用します。

　これは，「一元管理」（特定のデータベースにすべての個人情報を集約し管理する方式）と比較して，万が一情報漏えいが発生した際のリスクを低減させるための方式であり，マイナンバー制度におけるセキュリティ対策の特徴です。

図表 I-4-2　マイナンバーの情報連携

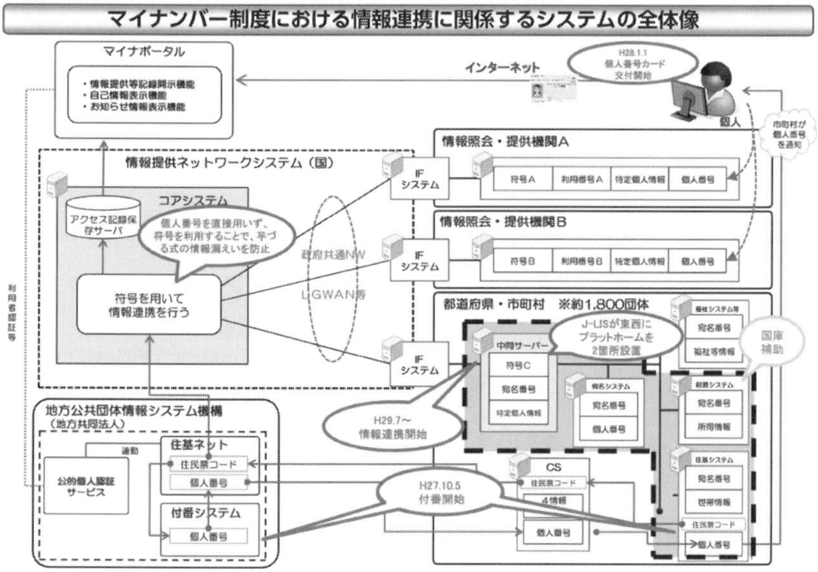

出所：岐阜県市町村行政情報センター，総務省大臣官房企画課個人番号企画室執筆記事
https://www.gaic.or.jp/kohosi/back/no153/img/image_spe01-02b.jpg

4-3 マイナンバー法と個人情報保護法

マイナンバーも個人情報の1つであり,マイナンバーを含む個人情報は「特定個人情報」と定義されています(**図表Ⅰ-4-3 参照**)。

マイナンバー法と個人情報保護法では,取得から廃棄までの情報のライフサイクルにおける各管理段階で求められる要件が**図表Ⅰ-4-4**のとおり異なります。これらは一例ですが,マイナンバーでは利用目的が法律で認められた範囲に限られていることからも,特定個人情報の取扱いについては,特に厳格な対応が求められていることがわかります。

また,社会保障,税および災害対応の3分野に限定されていた利用可能分野が,マイナンバー法の改正により拡大されることになり(第Ⅰ部**4-4** 参照),今後マイナンバーの漏えいによる被害の拡大を未然に防ぐうえでも厳格な管理が求められます(**図表Ⅰ-4-5 参照**)。

図表Ⅰ-4-3 法律における定義

用語	定義等
個人情報	生存する個人に関する情報であって,当該情報に含まれる氏名,生年月日その他の記述等により特定の個人を識別することができるもの(他の情報と容易に照合することができ,それにより特定の個人を識別することができることとなるものを含む。)をいう。 【マイナンバー法第2条3項,個人情報保護法第2条1項】
個人番号 (マイナンバー)	マイナンバー法第7条1項または2項の規定により,住民票コードを変換して得られる番号であって,当該住民票コードが記載された住民票に係る者を識別するために指定されるものをいう。 【マイナンバー法第2条5項】
特定個人情報	個人番号(個人番号に対応し,当該個人番号に代わって用いられる番号,記号その他の符号であって,住民票コード以外のものを含む。)をその内容に含む個人情報をいう。　【マイナンバー法第2条8項】

図表Ⅰ-4-4　各管理段階で求められる要件

	個人情報保護法	マイナンバー法
取得	本人確認手続が不要	本人確認手続が必要
利用	あらかじめ本人の同意が得られれば，特定（本人に明示）した利用目的の範囲を超えて利用が可能	本人の同意があっても，原則として利用目的の範囲（社会保障，税および災害対策に関する特定の事務）を超えての利用はできない
保管	情報の保管に関する特段の定め（特定の条件下でないと情報を保管してはならない旨の定め）はない	マイナンバー法で認められた場合（社会保障，税および災害対策に関する特定の事務のため）を除き，保管してはならない
提供	あらかじめ本人の同意が得られる場合，またはオプトアウト（**1-7 第三者提供** を参照）による第三者への情報の提供が可能	マイナンバー法で認められた場合（社会保障，税および災害対策に関する特定の事務のために，従業員等の特定個人情報を行政機関や健康保険組合等に提供する場合など）を除き，第三者への提供は禁止
廃棄	情報が不要になった際には，遅滞なく情報を廃棄（削除）する努力義務のみ	法定期間を超えての情報の保有は認められず，情報を廃棄（削除）する義務あり

図表Ⅰ-4-5　マイナンバーが利用可能な3分野

3つの利用可能分野　これ以外の分野・目的での利用はできない

分野		説明	事務内容
社会保障分野	年金分野	年金の資格取得や確認，給付	年金事務
	労働分野	● 雇用保険の資格取得や確認，給付 ● ハローワークの手続	労働保険関連事務
	福祉・医療・その他分野	● 医療保険の給付 ● 福祉分野の給付 ● 生活保護の手続	社会福祉／高齢者福祉／児童福祉／障害者福祉／母子福祉／医療事務／介護保険
税分野		● 税務署に提出する確定申告書，届出書，法定調書などに記載 ● 当局の内部手続	国税 地方税
災害分野		● 被災者生活再建支援金の給付 ● 被災者台帳の作成	防災，災害対策事務

4-4 マイナンバーの情報連携・利用範囲の拡大

　2015年9月3日に個人情報保護法およびマイナンバー法などを改正する法案が可決，成立し，同年9月9日に公布されています。改正マイナンバー法の施行については，まず2016年1月1日に，前述した個人情報保護委員会の設置や情報漏えいなどが発生した場合の報告等に関する条文が施行され，今後は段階的に公布の日から3年を超えない範囲内で政令が定める日（2018年9月9日）までに全面的に施行されることとなっています。

　改正内容の概要は**図表Ⅰ-4-6**のとおりです。

　マイナンバーの今後の広がりとして，①マイナンバー（12桁の数字）そのものを識別情報とした金融・医療分野における利活用，②e-TAXなどの行政手続等におけるマイナンバーカードの利活用，③マイナポータル（https：//myna.go.jp/）による個人専用サイトにおける情報確認・ワンストップサービス等における利活用があげられます（**図表Ⅰ-4-7**参照）。

図表Ⅰ-4-6　マイナンバー法等における改正内容の概要

テーマ	概要
情報提供ネットワークシステムの利用	2017年1月に稼働を開始した「情報提供ネットワークシステム」を，各行政機関（地方公共団体）が条例を定めることにより，社会保障・地方税・防災に関する事務その他これらに類する事務において利用し情報連携を図ることを可能とする。
医療等分野におけるマイナンバーの利用・情報連携	健康保険組合等が行う被保険者の特定健康診査情報の管理等における利用や，予防接種履歴についての地方公共団体間での情報提供ネットワークシステムを利用した情報連携を可能とする。
預貯金口座へのマイナンバーの付与	預金保険機構等によるペイオフのための預貯金額の合算において，マイナンバーの利用を可能とし，また金融機関に対する社会保障制度における資力調査や税務調査でマイナンバーが付された預金情報を効率的に利用できるようにする。

4-4　マイナンバーの情報連携・利用範囲の拡大

図表 I -4-7　マイナンバー利活用の今後の広がり

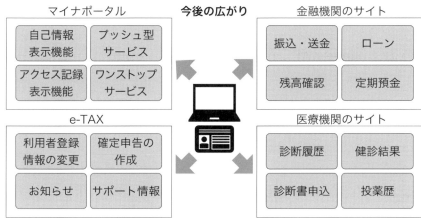

注：上記には，マイナンバー法の改正が必要なものを含みます。

マイナンバー制度と PIA
(Privacy Impact Assessment：プライバシー影響評価)

　マイナンバー法第27条のなかで，マイナンバーを取扱う行政機関に対しては，マイナンバーの漏えい防止策等に関する対応状況を事前に評価すること（PIAの実施）を義務づけています。
　PIAの実施方法等については，マイナンバー法第26条に基づく「特定個人情報保護評価指針」が2014年に特定個人情報保護委員会（現・個人情報保護委員会）より公表され，PIAにて実施する作業が示されています。
① マイナンバーを取扱う事務およびシステムを把握し，「特定個人情報保護評価計画管理書」を作成する。
② 保有するマイナンバー（特定個人情報ファイル）の対象人数，事務取扱担当者数（委託先含む）および評価を実施する行政機関における特定個人情報に関する重大事故の有無に基づき，予測されるリスクを識別する。
③ システム設定による対応，業務運用による対応および従業者に対する教育・啓発による対応の組合せによる保護対策（リスク対応策）を策定する。
④ ③のリスク対応策等を記載した「特定個人情報保護評価書」を公表する。
⑤ 運用状況の評価を行ったうえで，少なくとも1年に1回はリスクの識別や保護対策を見直しのうえ，「特定個人情報保護評価計画管理書」の変更の要否を検討するよう努める。
　PIAの実施対象はおもにマイナンバーを保有する行政機関ですが，民間事業者が自主的にPIAの手法を活用することは，特定個人情報の保護にあたり有益となる手法です。

4-5 主な規制の特徴

(1) 収集・保管の制限

マイナンバー法第19条に定められた場合を除いて，他人のマイナンバーを収集することはできません。地方公共団体等を除く一般的な事業者においては，個人番号関係事務を処理するために必要な場合にかぎり，従業員等のマイナンバーを収集することが認められています。

また，マイナンバーの保管についても個人番号関係事務を処理する目的でのみ認められており，①個人番号関係事務を処理する必要がなくなった場合，②法定保存期間が経過した場合は，マイナンバーをできるだけ速やかに廃棄または削除しなければならないとされています。

(2) 利用の制限

マイナンバーを利用できる事務は，マイナンバー法第9条に定められており，主にマイナンバーを記載しなければならない税・社会保障関係等の事務処理に必要な限度においてのみ利用することができるものとされています。

個人情報保護法とは異なり，たとえ本人の同意があったとしても利用目的を超えてマイナンバーを利用することはできないと定めています。

(3) 特定個人情報ファイルの作成の制限

マイナンバー法第28条に定められているとおり，特定個人情報ファイルを作成することができるのは，従業員等の源泉徴収票作成事務，健康保険・厚生年金保険被保険者資格取得届作成事務等に限った場合とされています。

特定個人情報ファイルとは，マイナンバーやマイナンバーに対応する符号をその内容に含む個人情報ファイルのことで，たとえばマイナンバーとその他の個人情報が同一レコードとしてリンクしたデータベースやスプレッドシート等が該当します。

（4）提供の制限

マイナンバーを提供できるのは，社会保障，税および災害対応に関する特定の事務のためにマイナンバーを行政機関や健康保険組合等に提供する場合に限られています。

この提供の制限は，同一グループ内の別法人への提供についても適用されるため，従来の個人情報を「共同利用」していた企業グループにおいては，注意が必要です。

（5）委託の取扱い

マイナンバー法第10条および11条には，個人番号関係事務を委託する場合に行う「必要かつ適切な監督」が，以下のとおり定められています。

- 適切な委託先の選定
- 委託契約のなかに安全管理措置に関する内容を盛り込むこと
- 委託先におけるマイナンバーの取扱い状況を把握すること
- 再委託先以降への委託において，最初の委託元の承認を得ること

図表Ⅰ-4-8　委託先の選定における確認事項の例示

委託先の設備　　技術水準　　従業者に対する　　その他委託先の
　　　　　　　　　　　　　監督・教育の状況　　経営環境等

委託先の選定に関する規程類や選定の際に用いるチェックシートにも反映

（6）本人確認の実施

マイナンバー法第16条に定められているとおり，マイナンバーの提供を受けた際には，必ず本人確認を実施しなければなりません。

マイナンバーが正しいこと（本人のものであること）を確認する「番号確認」と，正しいマイナンバーの持ち主であることを確認する「身元確認」が

セットで「本人確認」となります。

番号確認が必要と認められているおもな書類としては，**図表Ⅰ-4-9**にある書類等があげられます。

図表Ⅰ-4-9　番号確認が可能と認められている書類等（例）

番号記載書類等	備考
通知カード	2015年10月以降，各世帯に配布
個人番号カード	自治体への申請により発行可能
個人番号の記載された住民票の写し・住民票記載事項証明書	発給時の選択により番号記載可能
源泉徴収票など個人番号が記載された公的な書類等	利用事務実施者が認めたもの
過去に作成した特定個人情報ファイルに登録された個人番号	過去の本人確認による取得が前提

また，身元確認をどのような方法によって実施するかについては，おもに**図表Ⅰ-4-10**の4つの手段に分類することができます。

図表Ⅰ-4-10　身元確認における代表的な方法

書類提示

（以下から1つ）
- 運転免許証
- パスポート
- 個人番号カード等

（以下から2つ）
- 健康保険証
- 源泉徴収票
- 年金手帳
- 住民票の写し等

依頼書面の活用※

依頼書等に氏名および住所をプレ印字して交付または送付し，番号確認書類の情報と照合

知覚※

本人に相違ないと見て判断

ID／パスワード※

社内イントラネット等で付与したIDとパスワードによりログイン

※以前に身元確認していることが前提

こうした本人確認の方法については，マイナンバー法施行令，施行規則等により定められており，「番号確認」と「身元確認」の実施にあたって必要と

される確認書類の組合せを整理すると**図表Ⅰ-4-11**のようになります。

図表Ⅰ-4-11　本人確認における確認書類の組合せ

	番号確認	身元確認
1	個人番号カード （顔写真がついており，番号確認だけでなく，身元確認も同時に実施可能）	
2	通知カード	運転免許証またはパスポート （※1, ※2）
3	（マイナンバーが記載された）住民票	
4	上記1～3のいずれでも番号確認できない場合は過去に本人確認のうえで作成したファイル等	

※1：運転免許証またはパスポートによる身元確認が困難な場合は健康保険被保険者証や年金手帳など2点以上が必要となる
※2：雇用関係にあるなど，人違いでないことが明らかであると個人番号利用事務等実施者が認めるときは，身元確認書類は要しない

（7）安全管理措置の実施

　マイナンバーを取扱うすべての事業者は，マイナンバーの漏えい・滅失・き損等の防止，その他の適切な管理のため，必要かつ適切な安全管理措置を講じなければなりません。
　安全管理措置の検討手順および講ずべき内容の概略イメージと概要は以下のとおりです。

図表Ⅰ-4-12　安全管理措置の検討手順および講ずべき内容の概略イメージ

（1）検討手順
- A．個人番号を取扱う事務の範囲
- B．特定個人情報の範囲
- C．事務取扱担当者の明確化
- D．基本方針の策定（任意）　E．取扱規程の策定（義務）

講ずべき内容
- （2）組織的
- （3）人的
- （4）物理的
- （5）技術的

図表Ⅰ-4-13　安全管理措置の検討手順および講ずべき内容の概要

（1）検討手順 A．個人番号を取扱う事務の範囲の明確化 B．特定個人情報の範囲の明確化 C．事務取扱担当者の明確化 ● マイナンバーは利用目的が限定されていることから，マイナンバーを取扱う事務の範囲，特定個人情報の範囲，事務取扱担当者の範囲を段階的に明確化していくことが最初の手順になる。 D．基本方針の策定 ● マイナンバー等の適正な取扱いと保護に関する基本理念を明確にする ● 関係法令・ガイドライン等の遵守，安全管理措置に関する事項，苦情相談窓口に関する方針を決める　等 E．取扱規程等の策定 ● マイナンバーの取扱いに関するマニュアルや事務フロー等の文書を作成し，従業員等が参照できるようにする　等
（2）組織的安全管理措置 ● 責任者および事務取扱担当者を明確にする ● 事務取扱担当者が取り扱う特定個人情報等の範囲を明確にする ● 事務取扱担当者以外がマイナンバーを取扱うことがない体制（組織的または業務・役割の分離）を構築する ●「マイナンバー取扱記録簿」またはアクセスログ等により，マイナンバーの取扱い状況を確認できる手段を整備する ● 情報漏えい等の事案に対応する体制を構築する　等
（3）人的安全管理措置 ● 事務取扱担当者の監督および教育を行う ● 特定個人情報等の秘密保持を就業規則に盛り込む　等
（4）物理的安全管理措置 ● 事務取扱担当者以外がマイナンバーを取扱うことのないよう，管理区域を明確にし，入退室管理を行う ● 事務取扱担当者以外がマイナンバーを盗み見できないように，間仕切り等の設置や座席配置の工夫をする ● 機器および電子媒体等の盗難等の防止，持ち出す場合の漏えいの防止，機器や電子媒体廃棄時のマイナンバーの削除　等
（5）技術的安全管理措置 ● マイナンバーファイルへのアクセスを，事務取扱担当者に限定するためのアクセス制御を行う ● 外部からの不正アクセスを防止するため，ファイアウォールによる不正アクセスの遮断や，ウイルス対策ソフトウェアの導入 ● インターネット等により外部に送信する際の通信経路の暗号化，ファイルへの暗号化・パスワード保護　等

4-6 マイナンバー法の罰則

　マイナンバー法では，保護の対象となる個人情報の重要性の観点から，個人情報保護法よりも罰則の種類が多く，法定刑も重くなっています。

　改正後の個人情報保護法では，個人情報データベース等を不正な利益を図る目的で提供・盗用を行った場合に適用される，データベース提供罪という直接罰が導入されましたが，「1年以下の懲役または50万円以下の罰金」です（個人情報保護法第83条）。一方，マイナンバー法では，同様に，マイナンバーを不正な利益を図る目的で提供・盗用を行った場合（マイナンバー法第48条）では，「3年以下の懲役または150万円以下の罰金」となります。

　また，個人番号利用事務等に従事する者が，正当な理由なく，特定個人情報ファイルを提供した場合（マイナンバー法第47条）では，4年以下の懲役または200万円以下の罰金となります。

図表Ⅰ-4-14　違反時の罰則

条文	違法行為内容	法定刑	刑罰類型	個人情報保護法との比較
47	正当な理由なく特定個人情報ファイルを提供	4年以下の懲役 200万円以下の罰金	直罰※	
48	不正な利益を図る目的でマイナンバーの提供・盗用	3年以下の懲役 150万円以下の罰金	直罰※	1年以下の懲役または50万円以下の罰金（第83条）
49	情報提供ネットワークに関する秘密を漏示・盗用	3年以下の懲役 150万円以下の罰金	直罰※	
50	詐欺，不正アクセス行為等によりマイナンバーを取得	3年以下の懲役または150万円以下の罰金	直罰※	
52	特定個人情報保護委員会の命令に違反	2年以下の懲役または50万円以下の罰金	間接罰	6ヵ月以下の懲役または30万円以下の罰金（第84条）
53	特定個人情報保護委員会に虚偽書類を提出，検査を拒否	1年以下の懲役または50万円以下の罰金	間接罰	30万円以下の罰金（第85条）
54	不正の手段により通知カードまたはマイナンバーカードを交付	6ヵ月以下の懲役または50万円以下の罰金	直罰	

※行政指導等を経ずに，刑罰が適用される方式。

第 II 部

海外における
パーソナルデータ管理の現状

1 海外の個人情報保護の動向

1-1 包括法で権利保護を進める EU

個人情報保護について世界に目を向けると、個人の権利としての保護を重視する EU が、包括的かつ厳格な法制度によるルール整備を世界に先駆けて進めており、日本を含む多くの諸外国がその動向に注目、追随している傾向にあります。

図表 II-1-1　EUの個人情報保護に関する制度（現行制度）

EUレベルの法令

データ保護指令（1995年）　← 分野横断的なパーソナルデータ保護に関する規制

「個人データの取扱いに係る個人の保護及び当該データの自由な移動に関する指令（95/46/EC）」

（主な内容）
(1) データ内容に関する原則（特定された明示的かつ適法な目的のための取扱い等）
(2) データ取扱いの正当性の基準（データ主体の明確な同意等）
(3) センシティブデータ※の取扱い（※人種又は民族、政治的見解、宗教又は思想的信条、労働組合への加入、健康又は性生活に関するデータ）
(4) データ主体のデータへのアクセス権
(5) 取扱いの機密性及び安全性
(6) 第三国への個人データの移転に関する規律（第三国が十分なレベルの保護措置を確保していることを条件とする等）
(7) 独立した監督機関

eプライバシー指令（2002年、2009年改正）　← 電子通信部門に関するデータ保護指令の特則

「電子通信部門における個人データの処理とプライバシーの保護に関する指令（2002/58/EC）」

（主な内容）
(1) 通信の秘密保持
(2) Cookieの利用に当たって内容を明示しオプトインによる利用者同意を求める
(3) ロケーションデータを利用する際にオプトインによる利用者同意を求める

加盟国レベルの法令

英国	フランス	ドイツ	イタリア
●データ保護法 ●プライバシー及び電子通信規則	情報処理、情報ファイル及び自由に関する法律	連邦データ保護法	個人データの処理に関する個人その他の主体の保護に関する法律

等

出所：http://www.soumu.go.jp/johotsusintokei/whitepaper/ja/h25/html/nc131120.html を一部修正。

1980年に，個人情報保護に関する初の世界ルールとされるOECDの「プライバシー保護と個人データの国際流通についてのガイドライン」（以下，OECD8原則という）が公表されて以降，個人情報保護に関する新ルールの多くはヨーロッパから発信されています。

1995年には，個人情報保護に関する包括的法規制である「個人データの処理に係る個人の保護及び当該データの自由な移動に関する1995年10月24日の欧州議会及び理事会の95/46/EC 指令」（Directive 95/46/EC, 以下EUデータ保護指令という）を公表しました。EU 域内市民の政治，社会，経済に関する権利について法的拘束力を有するEU基本権憲章に，個人データ保護の権利が規定されていることからもわかるとおり，ヨーロッパにおいては，個人情報保護が基本的人権の1つとして尊重されている背景があり，法規制による個人の権利保護に市民の注目が集まる傾向があります。

（1）世界ルール：OECD8原則

1980年，後にEU加盟国となるヨーロッパ諸国を中心に，アメリカ，カナダ，また日本も加盟している経済協力開発機構（Organization for Economic Co-operation and Development：OECD）は，個人データの取扱いに関するガイドラインとして，OECD8原則を採択しました。当時，今後の国際的な情報化やITの発展にともない，個人情報保護に対する社会的ニーズの高まりが予測されており，同原則は，各国が法整備を進めるうえでの参考ルールとして整備されました。日本を含む加盟国をはじめとする各国の個人情報保護法制の基本理念として現在も採用されています。

OECD8原則は，2013年に改正ガイドラインが公表されています。基本原則に変更はなく，個人情報保護に関する法令の執行についての責任を有する監督機関にあたる「プライバシー執行機関」の設置，データセキュリティ侵害の通知等の観点が追加されており，EU，日本をはじめ各国の法改正にも反映されています。

図表 II-1-2　OECD8原則と個人情報取扱事業者の義務規定の対応

OECD8原則	個人情報取扱事業者の義務
● 目的明確化の原則 　収集目的を明確にし，データ利用は収集目的に合致するべき ● 利用制限の原則 　データ主体の同意がある場合，法律の規定による場合以外は目的以外に利用使用してはならない	● 利用目的をできる限り特定しなければならない。（第15条） ● 利用目的の達成に必要な範囲を超えて取り扱ってはならない。（第16条） ● 本人の同意を得ずに第三者に提供してはならない。（第23条）
● 収集制限の原則 　適法・公正な手段により，かつデータ主体に通知または同意を得て収集されるべき	● 偽りその他不正の手段により取得してはならない。（第17条）
● データ内容の原則 　利用目的に沿ったもので，かつ，正確，完全，最新であるべき	● 正確かつ最新の内容に保つよう努めなければならない。（第19条）
● 安全保護の原則 　合理的安全保護措置により，紛失・破壊・使用・修正・開示等から保護するべき	● 安全管理のために必要な措置を講じなければならない。（第20条） ● 従業者・委託先に対し必要な監督を行わなければならない。（第21，22条）
● 公開の原則 　データ収集の実施方針等を公開し，データの存在，利用目的，管理者等を明示するべき ● 個人参加の原則 　自己に関するデータの所在及び内容を確認させ，または異議申立を保障するべき	● 取得したときは利用目的を通知又は公表しなければならない。（第18条） ● 利用目的等を本人の知り得る状態に置かなければならない。（第24条） ● 本人の求めに応じて保有個人データを開示しなければならない。（第25条） ● 本人の求めに応じて訂正等を行わなければならない。（第26条） ● 本人の求めに応じて利用停止等を行わなければならない。（第27条）
● 責任の原則 　管理者は諸原則実施の責任を有する	● 苦情の適切かつ迅速な処理に努めなければならない。（第31条）

注：「プライバシー保護と個人データの国際流通についてのガイドラインに関する理事会勧告」
出所：http://www.kantei.go.jp/jp/it/privacy/houseika/houritsuan/pdfs/03.pdf

（2）EU域内の包括法：EUデータ保護指令

　OECD8原則の公表以降，EU域内の各国では，同原則を取り込みつつ各国事情に基づく独自の個人情報保護法制度が整備されていましたが，1993年の欧州連合（EU）発足後，EU域内共通の法制度として1995年に「EUデータ保護指令」が採択されました。

　同指令は，個人データの収集目的の明確化，本人同意を前提とした収集，安全管理措置の実践等，OECD8原則に基づく内容であり，最大の特徴は，EU域外の第三国へEU居住者の個人データを「移転」することを原則禁止する，いわゆる「データ移転規制」です。

　EU域内からEU域外の第三国への個人データ移転は，データ移転先において，同指令に準じた「十分な保護措置が確保されている」場合のみ認められるとされる同規制は，EU域内にグループ会社や支店をもつ企業に大きな影響を及ぼすとして，EU域外の各国に対し個人情報保護制度の確立を急がせた要因といわれています。

　日本でも，同指令が採択された2年後の1997年に通商産業省（現・経済産業省）が「民間部門における電子計算機処理に係る個人情報の保護に関するガイドライン」を策定し，翌年には個人情報保護に関する国内の認証制度である「プライバシーマーク制度」が発足し，そして，個人情報保護法（2005年4月全面施行）の制定に向けた動きが加速されました。

　なお，「指令」（Directive）とは，EU法において「各加盟国でこういった法律を整備してください」と指示する位置づけであり，EUデータ保護指令に基づく法規制を，各国で制定することをもって初めて適用されます。企業側としては各国個別の法令を意識する必要があり，コンプライアンスに対する負荷が重いことが課題の1つとされていました。

　2016年4月に成立した「EU一般データ保護規則（General Data Protection Regulation：GDPR）」は，各国において，国内法の制定を経ずに直接適用される「規則」（Regulation）として法制化されています。

コラム4 ——「データ移転規制」における「移転」とは——

「データ移転」とは，EU域外に個人データを転送し保管するといったデータの物理的な移転のみをさすものではありません。第三国からEU域内の個人データへアクセス可能な状態の場合，不正閲覧や漏えいのリスクが考えられるため，右のような状態も規制対象となります。

〈規制の対象となる例〉
- 個人データを格納する情報システムをEU域外のデータセンタに設置し，運用している。
- 日本の本社から，EU域内のグループ会社の人事システムにアクセスし，グループ会社の従業員データを照会できる。
- 日本の本社で開催される研修に出席するため，EU域内の各グループ会社からの参加者リストが本社へ提出された。

1-2 個別法&自主規制のアメリカ

アメリカにおいては，個人を尊重するプライバシーの概念自体は存在していたものの，法制度としての確立はこれまで進んでいませんでした。現在，「パッチワーク型」，「セクトラル型」とも呼ばれる，個人情報保護への関心の高い特定の業界，ビジネス上の必要性がある個別課題に対する個別法や，業界別の連邦法，州法や，民間企業の自主規制が先行する比較的自由度の高い

図表Ⅱ-1-3　アメリカの個人情報保護に関する制度

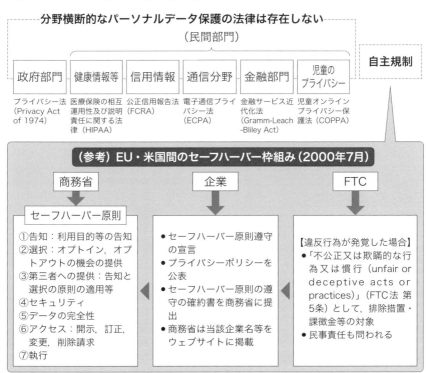

出所：平成25年版情報通信白書（総務省）「図表3-1-1-2　米国のパーソナルデータ保護に関する制度」
　　　http://www.soumu.go.jp/johotsusintokei/whitepaper/ja/h25/html/nc131120.html

環境において，個人情報保護への取組みが進んでいる状況です。

　個人情報保護に関する法規制は州ごとにも設けられていますが，特に，プライバシーに関する法規制に積極的なカリフォルニア州では，独自の法を整備しています。

　たとえば，インターネットのホームページ上からカリフォルニア州在住者の個人データを収集する民間事業者に対し，一定の要求事項を満たすプライバシーポリシーの掲載とその実践を要件とする「カリフォルニア州オンラインプライバシー保護法（The California Online Privacy Protection Act）」や，セキュリティ事故が発生した場合，速やかに監督機関への報告を求める「カリフォルニア州データベースセキュリティ侵害通知法（The California Security Breach Information Act）」，また，未成年が希望した場合，ソーシャルメディアから自身の過去の記録を削除できる「消しゴム法（Online Eraser Law）」等があげられます。

図表Ⅱ-1-4　個人情報保護に関するおもな連邦法

法令，説明	対象範囲
プライバシー法（Privacy Act of 1974） 安全性，機密性を保持するための安全管理措置の実施や，保管制限，第三者提供の制限等，データ保護の原則を規定	連邦政府および関係機関
児童オンラインプライバシー法 **(Children's Online Privacy Protection Act)** インターネット上で児童の個人データを収集する場合の親からの事前の許諾や，収集後の親からの開示・提供の請求権を規定	インターネット上で，13歳未満の児童の情報を収集する事業者
医療保険の相互運用性及び説明責任に関する法律 **(Health Insurance Portability and Accountability Act：HIPAA)」)** **経済的および臨床的健全性のための医療情報技術に関する法律** **(Health Information Technology for Economic and Clinical Health：HITECH法)** 医療分野の個人データを取り扱う事業者を対象とした，プライバシーやセキュリティ標準を規定。	医療分野の事業者

従来アメリカでは，上記のような個別の連邦法，州法に配慮しながら，企業のビジネス上の施策を優先にプライバシー保護の取組みが進められ，データ漏えい等なんらかの問題が発生した場合には，民間の自主規制や民事訴訟により対処することが一般的でした。

しかしながら，Google，Facebook，Amazonといった巨大IT企業が出現し，また個人データをビッグデータとして活用する新ビジネスも急拡大していくなかで，ビジネス展開の阻害要因となる訴訟リスクの低減に向け，法制化の準備が進められるようになりました。

2010年以降，政府関係機関より，民間企業向けの個人データの取扱いに関する基本方針，個人データの取扱いに関する原則，報告書等が複数公表されています。

(1)「消費者プライバシー権利章典」

包括的な保護法策定に向けた取組みとして，2012年，アメリカ連邦政府は，ネットビジネスの消費者（ネットユーザ）の保護を目的とした「消費者プライバシー保護に関する権利章典」（草案）（以下，消費者プライバシー権利章典という）を公表しました。消費者の個人データが安全に取り扱われることへの権利や，企業の説明責任といった一般的な原則に加え，事業者がネットの閲覧傾向をトラッキングすることを消費者が拒否できる「Do Not Track」についても概念化しています。従来に比べ広範囲の業界をカバーしており包括法に近い位置づけであるといえます。

2015年には，同権利章典をベースとした「消費者プライバシー保護法案」（原案）が公表されました。アメリカにとって初めての包括的連邦法になる可能性のある同法案では，社会保障番号，納税者番号，パスポート番号，運転免許証等の政府が発行した公的ID，クレジットカード番号，車両識別番号等の個人識別可能な番号，指紋，声紋などの生体識別子から，ネットワークデバイスを識別する文字列など個人識別に直結しないIDまで，広く規制

図表Ⅱ-1-5　消費者プライバシー権利章典のおもな項目と説明

	項目	項目説明
1	個人による統制	消費者は，どの個人情報を企業が収集し，どのような利用をするかについて統制する権利を有する。企業はそのための方法を消費者に提供しなければならない。
2	透明性	消費者はプライバシーと運用の安全性について，容易に理解し，その情報にアクセスできる権利を有する。企業は，プライバシーリスクについて，消費者が容易に理解できるよう，明確にそれらを提示しなければならない。
3	提供目的の尊重	消費者は，企業が個人情報を収集，利用および開示する場合には，自身がデータを提供したときの目的に沿った方法で行うよう要求する権利を有する。個人情報取得時の目的から逸脱した，企業の情報の利用または提供は制限される。
4	安全性	消費者は安全で責任ある個人情報の取扱いを受ける権利を有する。
5	アクセスおよび正確性	消費者は，利用しやすいフォーマットによる個人情報へのアクセスと個人情報修正の権利を有し，個人情報が不正確である場合，消費者に及ぶ可能性がある悪影響への適切な対処と情報の精度確保が可能とされなければならない。
6	適切な範囲の収集	消費者は，企業が収集および保持する個人情報の範囲につき，合理的な制限を設ける権利を有する。企業の個人情報収集は，自身の目的達成のために必要な最小限度に限られ，収集の目的から逸脱しない範囲に限られる。
7	責任	消費者は，権利章典の原則の固守を保障する適切な方策を定める企業によって，個人情報が処理される権利を有する。

注：連邦政府の報告書「ネットワーク世界における消費者情報プライバシー：国際的デジタル経済におけるプライバシー保護と技術革新の促進」の中の記述。
出所：http://dl.ndl.go.jp/view/download/digidepo_3507782_po_02520106.pdf?contentNo=1&alternativeNo=

の対象とされています。

（2）執行機関 FTC の役割と匿名化「FTC3 要件」

　アメリカ連邦取引委員会（Federal Trade Commission：FTC）は，消費者保護に関する監督機関として，プライバシー保護関連法令や業界団体の自主規制に対する法執行（違反の摘発，処分等）の権限を有しています。前述のとおり，連邦政府としての包括法をもたないアメリカでは，事業者が自社のホームページ等で公表する個人情報の取扱に関する方針（プライバシーポ

図表Ⅱ-1-6　FTCによる法執行の例

対象企業（日付）	問題とされた行為	法執行
Facebook （2011年11月）	Facebook上の情報を非公開に設定できるとしていたが、実質は公開が前提とされていた	●消費者の同意の取得 ●20年間、2年ごとの独立機関の監査
Google （2012年8月）	特定企業のブラウザ（Safari）に対し、申込みの有無を問わずクッキーを利用し情報収集	●制裁金2,250万ドル ●利用者PCに埋め込まれたクッキーの無効化
Apple （2014年1月）	AppStoreでの購入に際し、保護者の同意なしに子供が利用することによるリスクの説明が不十分	保護者に対し少なくとも3,250万ドルを返金

リシー）に反する運用がなされる状況が、FTC法に対する違反（不公正・欺瞞的行為）にあたるとして、法執行の対象となるケースが多くみられ、**図表Ⅱ-1-6**の例のように、例年100社以上が処分を受けています。

　また、同委員会が2012年に公開した報告書「急速な変化の時代における消費者プライバシーの保護」のなかで、企業と政策決定者への推奨として、データの匿名化に関する要件を示した内容が、いわゆる「FTC3要件」です。同報告書では、次の要件を満たす場合は、個人情報として保護すべき対象とはならない、すなわち「非個人データ」として利用可能、との見解を公表しています。

　①合理的な非識別化措置を講じる
　②再識別化しないことを公に約束
　③企業が同データを外部に提供する場合、再識別化を契約で禁止

　2015年に発表された「消費者プライバシー保護法案」には、これらの要件に沿った匿名化データの定義が規定されています。

1-3 その他の動向：アジア・オセアニア諸国

　2000年以降，アジア・オセアニア諸国においても次表のとおり，包括法を主流とした個人情報保護法制の整備が進められています。

　オーストラリアは，アジア圏のなかでは比較的早く1988年には「プライバシー法」が施行されました。当時は公的機関を前提としていましたが，2000

図表Ⅱ-1-7　アジア・オセアニア諸国の個人情報保護法制

	包括法	施行日	国外データ移転の制限	情報流出の通知義務	備考
日本	○	2017年5月	○	△	第三者提供の記録義務，外国の第三者への提供の制限等が追加
オーストラリア	○	2014年3月	○	△	1988年施行，2000年改正，2014年に刑事罰が追加
中国	○	2017年6月	△	△	サイバーセキュリティ法において，中国国内で収集された個人データの海外移転を制限
香港	○	2013年4月	○（未施行）	△	ダイレクトマーケティングに関する規制が強化
インドネシア	×	―	×	△	データ保護に関する法律が複数存在
マレーシア	○	2013年11月	○	×	特定11業種（通信，金融ほか）は，個人情報の取扱いの登録が必要
フィリピン	○	2012年9月	○	○	国策であるBPO産業の妨げにならないよう，一部適用除外とするといった配慮あり
シンガポール	○	2014年7月		△	Do-Not-Call制度
韓国	○	2015年7月	○	○	2015年に損害賠償，罰則が強化
台湾	○	2016年3月	△	△	損害額の証明がむずかしい場合，500台湾元以上，2万台湾元以下の賠償
ベトナム	×	―	×	×	データ保護に関するフレームワークが複数存在

注：○：規制有　△：一部に規制有　×：規制なし

年の改正により，民間部門も対象となっています。

原則として，国外の移転を禁止しており，例外措置として，データ保有者の十分なセキュリティ対応，データ主体の自由意思に基づく同意があげられているなど，EUデータ保護指令と類似した内容となっています。

シンガポールでは従来，銀行法，通信法等個別の法律において，その特定分野における個人情報の保護が求められるのみでしたが，2014年7月に，初めての包括法である個人情報保護法（Personal Data Protection Act：PDPA）が全面施行されました。

PDPAには，「Do Not Call制度」とよばれる規制が盛り込まれています。同規制は，あらかじめ登録機関（Do-Not-Call Register）に登録されたシンガポールの電話番号に対しては，マーケティング目的（商品，サービス，ビジネスに関する投資の勧誘や宣伝などの目的も含まれる）の電話，SMS（ショートメール）やFAXを送ってはならないという内容です。同様の規制はイギリス，アメリカ，カナダなどでも行われています。

なお，欧米，アジア・オセアニア以外にも個人情報保護のトレンドは広がっており，たとえば南米のコロンビアでは2012年に個人情報保護法が成立しています。

(1) アジア太平洋地域における連携：APEC

アジア太平洋地域の20数か国が参加する経済協力の枠組みであるアジア太平洋経済協力（APEC）でも，EUの動きに対応する形で，2000年以降，プライバシー管理体制の整備がスタートしています。2004年にOECD8原則をベースとした「APECプライバシーフレームワーク」が採択され，2007年には，APEC域内で国境を越えて個人データを取扱う事業者に対し同フレームワークへの適合性を認証する制度である「越境プライバシールールシステム（Cross Border Privacy Rules system：CBPRシステム）」が構築されました。

同制度は，ビジネスのグローバル化にともない，国境を越えて移転する個人

情報を適切に保護するための仕組みです。データ移転に関する規制は，GDPR，日本の個人情報保護法，シンガポールのPDPAにも設けられており，CBPRシステムがこうした規制対応の1つとして用いられることが期待されます。

2017年6月現在，アメリカ，メキシコ，日本，カナダ，韓国がCBPRシステムへ参加しており，台湾も関心を示しています。

日本においては，2014年にこの枠組みへの参加が認められ，また，2016年には，日本国内の事業者を対象に個人情報保護に関する認証制度（プライバシーマーク制度）の付与機関である一般財団法人日本情報経済社会推進協会（JIPDEC）が，日本初のCBPRシステムの認証団体（Accountability Agent：AA）に認定されました。2016年12月に，同認証機関からの審査を受けたIT企業が，日本初の認証を取得しています。

図表Ⅱ-1-8　APEC/CBPRシステムの概念図

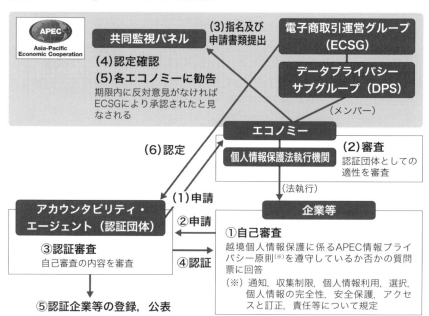

出所：http://www.meti.go.jp/press/2015/01/20160125005/20160125005-1.pdf

2

国境を越えた法規制：
　　データ移転規制

2-1　EU域内−第三国でのデータ移転対応

　EUデータ保護指令では，おもに次のいずれかの条件を満たす場合にのみ，EU域内から第三国への個人データ移転が認められます。2018年5月に施行されるGDPRにおいてもその有効性は継続するとされています。

> **条件1：国レベルの対応（十分性認定）**
> EUの政策執行機関である欧州委員会から国レベルで，「十分なレベルの個人データ保護措置を確保している」と認定を受けること。

　EU域内国からの個人データ移転先として十分な管理態勢を有していることについての申請をおもに国単位で行い，欧州委員会による承認を得ることで，同国に所在する事業者は，個別対応を行うことなくデータ移転が可能となります。これまでに，スイス，カナダ，アルゼンチン，イスラエル等10数か国が認定を受けていますが，日本は含まれていません。同委員会への申請から認定までに数年を要するといわれています。

> **条件2：事業者レベルの対応①**
> 　　　　　（標準契約条項（Standard Contract Clauses：SCC））
> データ移転元事業者（EU域内）と第三国のデータ移転先事業者間で，個人データ取扱いに関する契約書を締結する方法。

　公表されているサンプル書式に基づき，データ保護に関する契約を当事者間で締結することでデータ移転が可能となります。ただし，データ移転元事業者が所在する国（EU域内）のデータ保護監督機関の承認が必要となる場

合があります。

モデル契約書の様式は複数あり，条項は様式により異なりますが，おもに次の内容が定められています。

⇒データ発信者，受信者の義務
⇒第三者の受益条項
⇒EU 域内のデータ保護法令の遵守
⇒データ保護監督機関への協力
⇒データ主体（本人）との紛争解決方法
⇒データ移転の説明

出所：http://ec.europa.eu/justice/data-protection/international-transfers/transfer/index_en.htm

コラム5 ── 日本の十分性認定 ──

欧州委員会より十分性認定を受けている国は，2017 年 5 月時点で十数ヵ国にとどまっています。そのなかに日本が含まれていない背景として，これまでに日本の個人情報保護法制におけるいくつかの課題が指摘されてきました。たとえば，日本全体における個人情報の取扱いを管理・監督する独立機関（現在は個人情報保護委員会を設置済み）が定められていなかったことなどがあげられており，今回の法改正の背景の 1 つには，EU による十分性認定の取得を目指す動きもあるともいわれています。

2017 年 1 月，欧州委員会は十分性認定に関して東アジアおよび東南アジアに対して，とりわけ，日本，韓国との協議を優先的に進める方針を公表するとともに，同年 7 月には，2018 年の早い時期に十分性認定の実現を目指すための対応強化を図っていく旨について，個人情報保護委員会との間で共同声明を発表しました。とはいえ，認定までの道のりについては 2017 年 9 月時点では明確な見通しが立っておらず，相応の時間を要するという従来のスタンスに立って考えると，GDPR で求められる個人データの域外移転対応としては，日本の十分性認定に期待をかけるよりも，当面は各企業で個別に取組みを進めることが確実と考えられます。

出所：「欧州委員会HP」http://europa.eu/rapid/press-release_MEMO-17-15_en.htm参照。

> **条件3:事業者レベルの対応②**
> **(拘束的企業準則(Binding Corporate Rules:BCR))**
> おもにグローバル企業等を対象に,従業員の個人データ移転に関して,一定のルールを整備し,公表する方法。

　BCRとして定めるべき主な要求事項は次のとおりであり,同事項に関する企業ルールの策定,遵守が求められます。各国のデータ保護監督機関への申請および承認が必要であり加えて,BCRの場合は,規程類の整備状況に加え,各グループ会社も含めた運用状況(規程に基づき適切に運用されているかどうか)についても調査対象となる場合があり,申請から承認まではおおむね1-2年を要するとされています。

〈BCRの一般的な条件(GDPR第47条1項)〉
- BCRがすべてのグループ会社およびそのすべての従業員に適用され,遵守されていること
- BCRが個人データの処理に関してデータ主体に対し,明示的に執行可能な権利を与えていること
- GDPRにおける要求事項がBCRにすべて含まれていること

〈BCRで規定すべき内容(GDPR第47条2項)〉
- データ保護の原則
- データ保護監査および是正措置を検証する内部機構
- 処理されるデータ,処理の目的,影響を受けるデータ主体の類型および移転先の国
- データ主体の権利とそれを行使する手段
- EU域内に拠点のないグループ会社による違反に対する責任とEU域内

に拠点のあるグループ会社の認諾
- BCR上の情報がどのようにデータ主体に提供されるか
- データ保護責任者（Data Protection Officer：DPO）の任務
- 苦情申し立て手続
- 監督機関との協力と報告等
- 個人データへ恒常的にアクセスする人材への研修
- グループの組織図および連絡先

条件4：事業者レベルの対応③：事前の本人同意

前述の条件以外に，データ主体である本人に対し，収集する側の事業者が，データを第三国に移転することについて，その目的と提供先等の情報を事前に説明し同意を取得する方法も認められています。監督機関への届出の必要はありません。

図表Ⅱ-2-1 データ移転判定のフローチャート

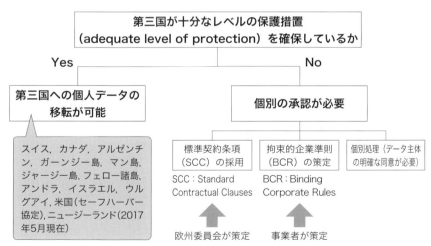

注：モナコについては，「十分なレベルの保護措置を行っている」と認定済み（欧州委員会の決定待ち）。
出所：http://www.soumu.go.jp/johotsusintokei/whitepaper/ja/h25/image/n3101060.png

2-2 EU-アメリカ間の特例：セーフハーバー協定からプライバシーシールドへ

　IT分野において多数のリーディングカンパニーを輩出しているアメリカでは、「セーフハーバー協定」という特別な取り決めを2000年にアメリカ商務省と欧州委員会の間で合意することで対応しました。

　この協定により、アメリカ企業は、当該原則の遵守状況に関する自己評価を毎年実施し、その結果を商務省に報告し認証されることで、データ移転の要件を満たすとみなされてきました。

　しかしながら、2013年に発覚した「スノーデン事件」（コラム⑥参照）を契機に、EUから、「行き過ぎた個人データの利活用」との批判を受け、新たなデータ移転制度として、「EU – USプライバシーシールド」の検討が開始されました。同制度は2016年7月に欧州委員会で承認されています。

　この新しい枠組みでは、個人データを取り扱う企業に対する義務の強化や個人の権利の効果的な保護、アメリカ政府による企業の個人データアクセスに対する透明性の確保等が盛り込まれています。

コラム⑥ ── スノーデン事件 ──

　アメリカ中央情報局（CIA）の元職員であるエドワード・スノーデン氏が、テロ対策を目的とした監視活動の一環として、アメリカ国家安全保障局（NSA）が、大手IT企業のサーバにアクセスし、極秘に大量の個人データを収集、監視していたことを公表した事件。全世界に、アメリカにおける個人データ保護管理体制への懸念をもたらすきっかけとなりました。

　同事件を契機に、セーフハーバー協定に基づくアメリカへのデータ移転に対し、個人データに対する必要十分な保護措置が講じられているとみなせるのか（EUデータ保護指令に準拠しているとみなせるのか）についての懸念が生まれ、2015年10月に欧州司法裁判所において、同協定を無効とする判断が下されました。

3
EU一般データ保護規則（GDPR）の成立

3-1 改正の背景とGDPRの概要

　2012年に，EUデータ保護指令にかわる新しい個人情報保護の枠組みとして一般データ保護規則（GDPR）のドラフト版が公表されました。公表以降，理事会および欧州議会での検討を経て2016年4月に欧州議会にて正式に採択され，2018年5月25日より適用されます。

　EUデータ保護指令の採択から10年以上が経過し，技術の進歩とグローバル化等の「環境変化」により生じた「新たな課題」に対応するための法改正の動きがでてきました。

　また，EUデータ保護指令下における課題として，同指令に基づきEU域内の各国が個別に法整備を行っていることによる企業側のコンプライアンス負荷が重いことがあげられていました。今回の改正では，こうした背景を踏まえ，利用の拡大により世界中へ拡散する個人データに関し，企業の説明責任や個人の権利に関する規制が強化されており，加えて規制を徹底するため違反時の罰則も強化されています。

3-1 改正の背景とGDPRの概要

図表 II-3-1　個人データを取り巻く環境変化と新課題

環境変化	課題	改正点
ID, 位置情報等「個人識別につながる可能性のある」新データの出現	個人データと非個人データの境界「グレーゾーン」の出現, 拡大	①適用範囲（データ）の明確化
ビッグデータビジネスの成長	プライバシーに配慮した個人データの加工と活用	②適用範囲（データ）の拡大
インターネット, SNS, クラウドコンピューティングをはじめとする, 国境を越えた個人データの利用拡散	データ保護管理体制の強化 国際的な法執行, 漏えい発生時の迅速な対応	③適用範囲（エリア）の拡大 ④企業の説明責任の強化 ⑤個人の権利の強化
さまざまなチャネルから大量に収集, 集積, 分析されることのプライバシー侵害リスク	データ主体の権利強化	⑥罰則の強化

〈その他要因〉

背景	課題	改正点
EUデータ保護指令に基づき各国法令が整備されており, ルールが統一されていない	企業のコンプライアンス負荷が重い	⑦ルールの均一化

3-2 おもな改正点と用語の基本概念

　図表Ⅱ-3-2は，前ページに示した改正点に基づくおもな規制を整理したものです。以下，各項目の内容を説明します。

図表Ⅱ-3-2　GDPRのおもな改正点

分類	おもな改正点
①適用範囲（データ）の明確化	● 個人データの定義（例示の追加）
②匿名化ルールの整備	● 「仮名化データ」，「匿名化データ」の定義
③適用範囲（エリア）の拡大	● EU域外の第三国へのデータ移転規制（BCR，SCC，行動規範，認証） ● 域外適用
④企業の説明責任の強化	● 説明責任 ● データ処理者の責任 ● DPOの設置 ● 漏えい時の通知（監督機関，データ主体） ● データ保護影響評価（DPIA） ● データ主体（本人）への情報提供義務 ● 個人データ取扱い記録の保管，開示
⑤個人の権利の強化	● 消去請求権 ● データポータビリティ ● プロファイリングされない権利 ● 16歳以下の未成年データの取扱い
⑥罰則の強化	違反した場合の制裁金（最大で企業の全世界売上高の4％，または2000万ユーロのうちいずれか高い方）
⑦ルールの均一化	● 「規則」による法規制の統一 ● 事務手続の軽減

(1) 改正点①適用範囲（データ）の明確化

　規制対象となる「個人データ」を，個人を識別する，または識別可能な情報を対象としている点は，現行法から変更はありません。位置情報，オンラ

イン ID 等が例示に追加されています。

また，個人データのうち，人種，宗教，政治的な意見，健康といった情報は，他人に知られた場合に不当な差別につながるおそれがあるとして，本人の明確な同意があるなど，特別な条件が満たされないかぎり処理が禁じられています。現行法の例示に遺伝子データ，生体認証データ等が追加されています。

用語	関連する条文
個人データ	GDPR第4条1項　前文第26項-30項
特殊な種類の個人データ	GDPR第9条1項

(2) 改正点②匿名化ルールの整備

今回新設された「仮名化データ」，「匿名化データ」は，ともに特定の個人を識別できないよう個人データに加工を施したデータをさします。両者の相違点は，加工後に個人データへの復元ができるかどうかであり，追加情報があれば個人データへの復元が可能なデータは「仮名化データ」とされ，個人データの一部として法規制の対象となります。ただし，収集時の目的公表等の一部規制は緩和されています。

一方，上記の個人データへ復元するための追加情報がすでに廃棄済みである場合などは，非個人データ化された「匿名化データ」として保護対象外となります。匿名化，仮名化データの加工に関する具体的な手順等については，今後公表が予定されています。

用語，説明	関連する条文
仮名化データ ：個人識別できないように加工されたデータ （再識別化のための追加情報は別途保存（**廃棄されていない**））	GDPR第4条(5) 前文第26項
匿名化データ ：個人識別できない加工されたデータ （再識別化のための追加情報は**廃棄済**）	前文第26項

(3) 改正点③適用範囲（エリア）の拡大

　GDPRは，EU加盟国（28か国：2017年4月現在）に加え，EUに加盟せずEUの単一市場に参加するための枠組みである欧州経済領域（European Economic Area：EEA）の3か国を含めた計31か国に適用されます。EUデータ保護指令では，EU域外へのデータ移転は一定の条件を満たす場合のみ許可されており，その方針について大きな変更はありません。

　GDPRでは，EUデータ保護指令において認められていた対応（BCR，SCC等）に加え，下記の方法もデータ移転の法的根拠としてみなされることになります。

用語，説明	関連する条文
行動規範（Codes of Conduct：CoC） ：業界団体等が，業界特性等を考慮しGDPR遵守を目的に作成するルール。EU域外の企業が同ルールを遵守していると判断された場合，データ移転の法的根拠となる	GDPR第40条，46条2項(e)
認証（Certification） ：個人情報保護に関する認証制度。今後設置される予定の認証機関，または監督機関によってEU域外企業が認証を得られ，ほかの要件も満たした場合，行動規範と同じく，EU域外へのデータ移転の根拠となる	GDPR第42条，46条2項(f)

　上記データ移転規制に加え，GDPRでは，EU域外国に所在する事業者がEU居住者に対し直接商品またはサービスを提供する，またはEU居住者に対し「行動監視」にあたる行為を行う場合，GDPRが「域外適用」されることになりました。

　域外適用の対象となる企業は，EU域内の「代理人（Representative）」の選任が必要となる可能性があります（GDPR第27条）。

用語，説明	関連する条文
域外適用 ：EU域外国の事業者でも，EU居住者のデータを取り扱う特定の場合においては，GDPRが適用されること	GDPR第3条
行動監視 ：個人の意思決定を収集するため，または個人の嗜好，行動および態度を分析するためにインターネット上で個人を追跡し，「プロファイリング」すること	前文第24条
プロファイリング ：個人の特定の側面を評価するため，業務実績，経済的状況，健康，個人的嗜好，興味，所在等に関してデータを自動的に処理し分析すること	GDPR第4条(4)
代理人 ：GDPRの遵守のために組織（データ管理者，データ処理者）より委任され，監督機関およびデータ主体との連携の窓口となる者	GDPR第4条(17)，27条

（4）改正点④企業の説明責任の強化

【説明責任】

　データ管理者となる事業者は，GDPRに定められる次の個人データ処理の原則を遵守することに加え，その適切な遵守を「証明できる」ことが求められます（GDPR第5条2項）。

【個人データ処理の原則】（GDPR第5条）
- 適法，公平かつ透明性のある方法による処理
- 利用目的の限定
- 必要最小限のデータ処理
- 正確性の確保
- 保管期間の限定と期間を超えたデータの適切な廃棄
- 完全性と機密性

【データ処理者の責務】

　GDPRでは，データ処理者の義務として，データ管理者の指示に基づき個

人情報の処理を行うこと，データ管理者より受託した業務を別の事業者に委託（データ管理者からみた場合の再委託）を行う場合，データ管理者からの書面による承認を要することなどが規定されています（GDPR第3条，28条〜30条）。

用語，説明	関連する条文
データ管理者（Controller） ：個人データ処理の目的，手段を決定する者	GDPR第4条 (7)
データ処理者（Processer） ：データ管理者に代わり，個人データ処理を行う者（例：個人データを取り扱う業務の委託先事業者）	(GDPR第4条 (8)

【DPOの設置】

GDPRでは，大量データを定期的に取扱う場合，特別な種類の個人データを処理するなど一定の条件のもとで，事業者（データ管理者，データ処理者）が個人データ保護を所管するデータ保護責任者を設置すべきことを規定しています（GDPR第37条，38条）。

図表Ⅱ-3-3　データ主体, データ管理者, データ処理者の関係性の図

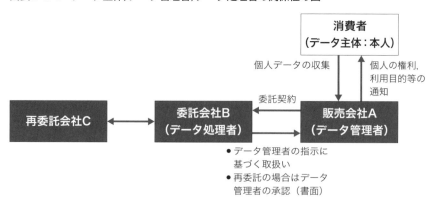

【個人データ侵害時の通知（監督機関および本人）】

個人データの漏えい，改ざん等があった場合，監督機関への速やかな通知（可能であれば事故発見時から72時間以内）を規定しています。さらに，データ主体（本人）の権利侵害に対する高いリスクがある場合は，当該本人に対しても通知する責任を規定しています。

ただし，データ管理者がリスクに対する低減措置を講じていると証明できる場合（例：個人データを暗号化した状態で誤って廃棄した場合）等，特定のケースにおいては，データ主体（本人）への通知は免除されます（GDPR第33条，34条）。

【データ保護影響評価（Date Protection Impact Assessment : DPIA）】

ビッグデータ分析等，新たなデータ分析技術を活用することなどにより，個人の権利や自由の侵害につながる可能性が高い場合は，同処理の開始前にプライバシー影響評価を行うことが求められています。プライバシー影響評価が必要な場合としては，次の例があげられています（GDPR第35条）。

〈DPIAが必要とされる例〉

- プロファイリング等の自動処理による評価が大規模に行われる場合
- 特殊な種類の個人データを大量に処理する場合
- 公衆がアクセス可能な地域での大規模な処理

【データ主体（本人）への情報提供義務】

GDPRにおいては，データ移転に関する事項や，個人データの保持期間に関する事項など，より詳細な情報を提供する必要があります。また，データ主体から情報の開示や修正等の請求があった場合，「遅くとも請求の受け取りから1ヵ月以内に情報を提供すること」と定められています（GDPR第13条，14条）。

【個人データ処理記録の作成,保管】

データ管理者および処理者は,個人データの処理に関する記録を作成(書面,電子媒体を含む)し,適切なセキュリティ対策を講じたうえで保管することが規定されています(GDPR第30条)。

(5) 改正点⑤個人の権利の強化

EUデータ保護指令においても,一定のデータ主体(本人)の権利は認められていました。GDPRにおいては新たな権利が追加されており,その主なものを説明します。

【消去請求権】

データ主体(本人)は,取扱い目的に照らして必要性がなくなった場合,データ主体が同意を撤回した場合等,一定の要件を満たすなど,データ管理者に対し,個人データの消去を求めることが認められます。

また,データ管理者がデータ主体の個人データを公開しており,同データを第三者が取扱う場合,データ管理者に対し,データ主体が求める削除要請を第三者に通知する措置を講じることが義務づけられています。

同権利は,EUデータ保護指令より整備されていましたが,検索エンジンに対する訴訟を契機に,GDPRにて詳細化されました。

【データポータビリティ】

データ主体が,企業,組織に提供した自身の個人データを自身が扱いやすいような電子媒体等で受け取ることや,データ主体の指示により,企業,組織間で直接個人データのやりとりをすることを求める権利です(GDPR第20条)。

日本でも,開示請求権(本人が,自身の個人データを保有する企業に対し,保有しているデータ内容の開示や消去を請求する権利)が認められていますが,紙媒体での開示を原則としており,電子媒体は想定されていません。

また，企業間での個人データの直接流通も想定していない点が異なります。

【プロファイリングされない権利】

プロファイリングとは，主にインターネット経由で収集されるサイトへのアクセス履歴等膨大な個人データを分析し，個人的嗜好，経済状況等を推測する技術，行為をいいます（GDPR 第 22 条）。

たとえば，自社製品売込みのために自社ショッピングサイトにアクセスする顧客のページ閲覧履歴や購買履歴を自動処理により分析する行為などがあげられます。EU データ保護指令においても，たとえば，個人の趣味や嗜好，消費活動等の情報を自動的に分析し，個人に対し一定の評価を行うことは，データ主体に対して，不利益や悪影響を及ぼす場合もあるとして，制限されていました。

GDPR では，「プロファイリング」という定義を新たに設け，データ主体が否定的な影響を受けることのないよう「プロファイリングされない」権利を認めています。データ主体の明確な同意，契約に基づく履行等，といった一定の場合にのみ，適法なプロファイリングとして認められています。

また，新たに定義された特別な種類の個人データに対しては，データ主体の明確な同意およびその他の要件を満たす場合を除き，プロファイリングが禁止されています。

【未成年に対する規制】

16 歳以下の未成年に対しては，保護者からの同意がある場合のみ，インターネット等を通じて未成年者の個人データ処理が可能となります。なお，各国法により，13 歳以下まで引き下げが許容されています（GDPR 第 8 条）。

（6）改正点⑥罰則の強化

加盟国の監督機関には，GDPR への違反に対して規則の範囲内において制裁措置を決定することが認められています。EU データ保護指令下でも一定

図表Ⅱ-3-4 制裁金と違反例

制裁金	違反例
最大で企業の全世界売上高（年間）の2%，または1,000万ユーロのうちいずれか高い方	●個人データの取扱いに関し，適切な技術的，組織的安全管理措置を実施しなかった場合（そのような措置を取らないデータ処理者に個人データの処理を委託する場合も含む） ●個人データの処理に関する記録を残すことが義務づけられているにもかかわらず，記録を書面（電子媒体も可）で保持していない場合 ●個人データの侵害（情報漏えい）が発生したにもかかわらず，監督機関に対し適時に通知しなかった場合 ●DPOの選任が義務づけられているにもかかわらず，任命していない場合
最大で企業の全世界売上高（年間）の4%，または2,000万ユーロのうちいずれか高い方	●個人データの処理に関する原則（第5条）を遵守しなかった場合 ●個人データの処理を適法に実施しなかった場合 ●同意に関する条件（第7条）を遵守しなかった場合 ●個人データの域外移転に関するルールを遵守しなかった場合 ●監督機関からの命令に従わなかった場合

の制裁金が定められ，イギリス，フランスをはじめとする各国の監督機関が制裁金をともなう法執行を行っていましたが，GDPRでは，制裁金の上限が大幅に引き上げられました。制裁金とおもな違反内容は**図表Ⅱ-3-4**のとおりです（GDPR第83条）。

（7）改正点⑦ルールの均一化

　GDPRの大きな改正点の1つは，EU域内各国で個別の法制度化が必要であった「指令」から，EU域内各国に直接適用される「規則」として整備された点です。EU域内の統一法として適用されることで，事業者にとっては，各国法制の動向を個別に調査する必要がなくなることや，監督機関への報告，承認といった，従来，各国個別の対応が必要だった手続の一元化等，負荷軽減が期待されています。

コラム7 これからのパーソナルデータ／プライバシー管理②
── 表現の自由と忘れられる権利 ──

消せない過去か，それとも保護すべきプライバシーか……。検索サイトによる結果で過去の逮捕歴を表示されることは人権侵害であるとして，その削除の可否が争われていた裁判について，2017年1月，日本の最高裁は検索結果の削除を認めない決定をしました。

今回の請求棄却に関しては，裁判所の下した判断が地裁，高裁と分かれてきたなかで，表現の自由と忘れられる権利のどちらが尊重されるべきか，最高裁の判断に注目が集まっていました。

忘れられる権利とは，他人に知られたくない過去の情報をインターネット上のサイトなどから削除することを請求できる権利を意味します。個人の権利を重視するEUにおいては，2014年に欧州司法裁判所の判決において当該権利を根拠とした検索結果の削除を認める判断が下されており，2018年5月施行のGDPRにおいても，一定の条件を満たした場合に当該権利は認められ，事業者は遅滞なくデータを削除する義務を負うことが規定されています（GDPR第17条）。今回，日本の最高裁の判決ではこの忘れられる権利について特段言及されることはなく，検索結果を削除するための高いハードルを示した形となりました。

日本において忘れられる権利は，従来の個人情報保護法のみならず，2017年5月施行となった改正個人情報保護法のなかでも規定されていません。すなわち今回の判決では，法で明確に定められた権利ではないということを根拠としてEUとは異なる判断が下されたという見方もできます。とはいえ今回の事案は，検索サイトにおける表現の自由とプライバシーを公表されることによる個人の不利益を天秤にかけた結果の判断でもあり，一概に忘れられる権利が否定されているというわけでもありません。

いずれにせよ，忘れられる権利についての議論は日本国内においてまだ十分に行われていない状況であり，今後検討が進むことにより，やがて忘れられる権利が法制化され，EU同様にプライバシー保護の側面が強化される日が訪れる可能性も否定できません。

4 個人情報管理の論点整理（日本vs.EU）

4-1 規制対象の「個人情報」とその種類

　第2章で述べたとおり，GDPRは，IT技術の進歩により生じた個人情報保護に関する世界共通の新たな課題に対し，各国に先駆けて方向性を示した内容であり，2012年のドラフト版公表以降，日本を含む各国の法改正，法整備に影響を与えています。

　以降では，おもに日本の改正後の個人情報保護法とGDPRの主要な規制について比較し，日本企業として，グローバルで個人情報を取扱う際に配慮すべきポイントを整理します。

　一般的に，個人情報保護法の適用対象となる「個人情報」の範囲は，「個人識別性：その情報が特定の個人のものであるとわかりうること」の有無により判断されます（この点，日常用語の「個人情報」が，普通の人であれば親しくない他人にはあまり知られたくない類型の情報，という意味であることと異なります）。氏名や住所，生年月日といった一般的な属性情報は，特定の個人を識別できますので，判断は容易であり，これらの情報と組み合わされたほかの情報も個人情報に該当します。もっとも，ほかの情報が単独の場合には，個人識別性だけでは対象情報が特定しにくく，個人情報ではないと考えて収集等を行った特定の類型の情報が，実は個人情報であると判断されるような事態も生じかねないので，GDPR，個人情報保護法とも，「個人情報に該当する可能性のある情報」の例を示しています。

　たとえば，GDPRでは，IPアドレスやクッキー識別子等，IT技術の発展により新たに生じた概念が例示されています。これらは，現代の高度化されたデータ分析技術を活用してほかの情報と組み合わせたり照合したりすることで，個人情報に該当し得ることを示すために追加されたものと考えられます（なお，これらの情報が常に個人情報に該当するというわけではありません）。

個人を識別し得る情報の例について、現時点（2017年4月）では成立に至っていない、アメリカの消費者プライバシー保護法案も含めた3法令の概要は**図表Ⅱ-4-1**のとおりです。

改正後の個人情報保護法では、旅券番号や運転免許証番号をはじめとする公的機関が発行する情報が含まれており、これらは「個人識別符号」（法第2条1項2号）として、単体で個人を識別可能な情報と位置づけられています。一方で、GDPRや消費者プライバシー保護法案では、主に民間企業が生成するクレジットカード番号等の情報、GPSやIPアドレスが例示に含まれており、このように、個人識別性を有するとみなされる、一定の類型の情報を規定している国の取扱う個人情報を洗い出す際に、当該類型の情報が漏れることのないよう注意が必要です。

図表Ⅱ-4-1　日本、EU、アメリカにおける「個人を識別しうる情報」の例の概要

日本 （法第2条1項2号）	EU （GDPR前文第30項、第4条（1））	参考：アメリカ （消費者プライバシー保護法案第3条10号）
● 身体の特徴に関するデータ（例：指紋認証データ、静脈データ） ● 法令により対象者ごとに割り当てられたデータ（例：旅券番号、年金番号、運転免許証番号）	● IPアドレス ● クッキー識別子 ● RFIDタグ ● 位置情報	● クレジットカード番号（同号（B）） ● メールアドレス（同号（C）） ● 顔、指紋、声紋等の生体データ（同号（D）） ● パスワードで保護された画像、動画（同号（G））等

4-2 「特に配慮が必要な個人情報」の取扱い

　従来から個人情報保護の基本概念として，個人情報のなかでも特に配慮が必要な情報（センシティブデータ，機微情報）があります。人種や宗教，政治的見解等，他人に知られた場合に不当な差別や偏見につながるおそれがあるとされる情報がこれに該当します。

　EUデータ保護指令にも盛り込まれていた同概念は，GDPRにも引き継がれ「特殊な種類の個人データ（Special categories of personal data）」として規定されています。日本では，金融分野のガイドラインにおいて「機微（センシティブ）情報」として規定されているほか，個人情報保護法において「要配慮個人情報」（法第2条3項）として新設されました（**図表Ⅱ-4-2**参照）。

　機微情報に該当すると，取得等や処理の要件が厳格になる（たとえば，日本ではオプトアウトによる第三者提供は禁止）など，通常の個人情報とは取扱いが異なります。

図表Ⅱ-4-2　日本，EUにおける「特殊な種類の個人データ」の例と規制

	日本（法第2条3項）：「要配慮個人情報」	EU（GDPR第9条）：「特殊な種類の個人データ（Special categories of personal data）」
情報の類型	人種，信条，社会的身分，病歴，犯罪の経歴，犯罪によって害を被った事実	人種，政治的見解，宗教，労働組合の組合員であること，遺伝子情報，生体情報，健康に関する情報，性的指向
取扱いに関する規制	●本人の明示的な同意等，特定の条件を満たす場合のみ取得可能（法第17条2項） ●オプトアウトによる第三者提供の禁止（法第23条2項柱書括弧書）	●本人の明示的な同意等，特定の条件を満たす場合のみ処理可能（GDPR第9条2項(a)） ●プロファイリング等による自動評価の原則禁止（GDPR第22条4項） ●一部情報につき各EU加盟国独自に制限を含む追加条件を定めることが可能（GDPR第9条4項）

4-3 匿名化(ビッグデータとしての活用)

　ビッグデータビジネスに注目が集まることで，個人情報をビッグデータに「匿名化する」手法に対し，一定のルールを設けるべきであるとして，匿名化規制の重要性が高まっています。個人情報の匿名化については，日本，EUのそれぞれにおいて法制化されています。

> **匿名化（非個人データ化）**
> 個人情報から個人識別性を取り除き，個人を識別できないレベルまで加工したうえで，復元できない状態にすること（法第2条9項柱書）

　GDPRでは，匿名化のレベルに応じて，「匿名化データ（特定の個人を識別することができないデータ（GDPR第4条5号））」，「仮名化データ（ほかの情報を使用することで特定の個人を識別することができる情報（GDPR前文第26項））」という2種類の概念が設けられており，後者の「仮名化データ」は，別途保管されている追加の情報と組み合わせると個人の識別が可能となるため，個人情報としてみなされることになります。

図表Ⅱ-4-3 匿名化された情報の各国比較(日本/EU/アメリカ)

	日本 (個人情報保護法)	EU (GDPR)	アメリカ (消費者プライバシー保護法案)
名称等	「匿名加工情報」 (法第2条9項)	「仮名化データ (Anonymous information)」 「匿名化データ (Pseudonymised information)」	「暗号化(encryption)」 (第3条7号) 一般的に受け入れられている方法による暗号化 (暗号鍵の適切な管理も含む)
主な規制	● 非個人データとして一般的な規制の対象外 ● 復元を防止するための加工方法等の情報に関する安全管理措置の実施義務(第36条2項) ● 第三者への提供方法等の公表義務(第36条4項)	● 仮名化データ:個人データとしての規制の対象(GDPR第6条4項(e)等) ● 匿名化データ:非個人データとして一般的な規制の対象外	暗号化により個人識別性がない場合には、個人データ侵害の際の通知義務(第212条(b))の対象外

コラム8 — IoTの拡大とプライバシーの関係 —

IoT(Internet of Things:モノのインターネット)とは、これまでインターネットへの接続機器として主流だったパソコンやスマートフォン等の情報通信機器以外にも、冷蔵庫、エアコンなどの電化製品や、時計、眼鏡などの身の回りの品がインターネットに接続されることで、それらの「モノ」から収集される情報を活用した、新たな価値やサービスの創出をコンセプト化した用語です。IoTの将来性については、複数のIT企業、調査会社より調査結果が公表されています。たとえば、Gartner社が2015年に公表した調査結果※では、IoTサプライヤーによるIoT関連サービスの市場規模は、2014年の523億ドルから2020年には、2,628億ドルまでに成長すると算出しています。

一方、利用者個人の生活状況(起床、外出、睡眠等)等、さまざまなデータ収集が可能となることから、IoTの普及拡大とともにプライバシー侵害のリスクが増大することについても懸念されています。

※Forecast:Internet of Things — Endpoints and Associated Services, Worldwide, 2015(2015/10/29)
https://www.gartner.com/doc/3159717/forecast-internet-things--endpoints

4-4 第三国へのデータ移転規制

1995年，EUデータ保護指令により法制度化された「データ移転規制」では，EU居住者の個人情報を第三国へ移転する場合，定められた対策を講じたうえで，個人情報保護が十分な水準にあることの認定（十分性認定）を受けることが求められました。この認定は国単位で受けることになりますが（EUデータ保護指令第25条6項），残念ながら日本は認定を受けていないため，日本企業が個々に承認を受ける必要があります（EUデータ保護指令第26条2項）。移転の承認には，処理を行う事業者の個人情報保護の水準が十分であることが要件になりますが，実際は，BCR（Binding Corporate Rules）の導入またはSCC（Standard Contractual Clauses）の締結のいずれかにより，要件を満たしているものと取り扱われています（SCCについては，EUデータ保護指令第26条4項参照）。

GDPRでは，これらの方法（BCRについては第46条2項（b），第47条，SCCについては第46条2項（C）および（d），第93条2項。なおEUデータ保護指令のもとでのSCCや各国データ保護監督機関の承認も，GDPR第46条5項により，変更されないかぎり効力を有するものとされています）に加え，**図表Ⅱ-4-4**のような新たな方法も許容されています。

図表Ⅱ-4-4　GDPRにて規定された新たなデータ移転対応

	説明
行動規範 （Codes of Conduct） （GDPR第46条2項（e），第40条3項）	データ保護監督機関により承認された行動規範（主に業界団体が定めた個人データ保護ルール）について，当該行動規範の対象となる業界に属するデータ移転先のEU域外企業が自主的に準拠することで，十分な個人情報保護を確保する方法
認証（Certification） （GDPR第46条2項（f），第42条2項）	個人情報保護に関する認証制度に基づき，データ移転先のEU域外企業が，自主的に当該認証を受けることで，十分な個人情報保護を確保する方法

ただし、これらの新たなルールについて 2017 年 6 月時点では詳細が公表されていないことから、同規制の影響を受ける日本企業は、現行の枠組みである BCR、SCC の活用を進める例が多いようです。

　なお、EU データ保護指令では、第三国へのデータ移転禁止の例外として「本人の明示的な同意」が含まれており（データ保護指令第 26 条 1 項 (a)）、GDPR でも同様ですが（GDPR 第 49 条 1 項 (a)）、許容されるケースは非常に限定的であり、適用の際は慎重に検討すべきとされてきました。さらに GDPR では、「本人がいつでも同意を撤回できる」権利（GDPR 第 7 条 3 項）が新設されており、本人の同意のみを根拠とすることは極めて安定性に欠けるものとなることが懸念されます。

　法第 24 条でも類似の規制がされており、個人情報の保護につき一定の水準にあると認められる場合に、外国にある第三者に対して個人情報の移転が認められています。

図表 II-4-5　第三国へのデータ移転に関する規制比較（日本/EU）

	日本 （法第24条）	EU （GDPR）
規制の対象	外国にある第三者へのデータ提供	EU域外国へのデータ提供
移転が許容されるケース1： 国家レベルでの対応	●日本と同等の水準の個人情報保護に関する制度を有している国として個人情報保護委員会規則で定めた国	●欧州委員会が承認した国（十分性認定）（GDPR第45条1項）
移転が許容されるケース2： 事業者レベルでの対応	●個人情報保護委員会が定める基準に適合する事業者	●BCRの承認、SCCの締結（EUデータ保護指令より継続） ●行動規範、認証の取得（GDPRにて新設）等
移転が許容されるケース3： その他	●本人の同意取得 ●人の生命等の保護のために必要で、本人の同意取得が困難である場合等	●本人の明示的な同意取得（EUデータ保護指令より継続） ●本人と管理者が締結した契約の履行に必要な場合等（GDPR第49条1項各号）

EUデータ保護指令下では、BCRはEU域内の各拠点のデータ保護監督機関の承認が必要であり、また、データ保護監督機関への申請から承認取得までに1年以上を要するといわれています。BCRの承認取得企業は、全世界でも数十社程度にとどまっています。

GDPR施行後は、EU域内の各拠点のデータ保護監督機関による承認は不要となるなど、承認の要件が緩和されることになります。

コラム9 ── EU域外へのデータ移転方法（BCRおよびSCC）の比較 ──

EU域外の第三国に対するデータ移転規制に対して、BCRまたはSCCのどちらを選択するかについては、自社におけるデータ流通の実態を考慮することになるでしょう。それぞれのメリットとデメリットを比較すると次のとおりです。

説明	メリット	デメリット
BCR ：グローバル企業が自社グループ内での個人データの移転ルールを整備し運用	●BCRを導入すれば、個人データのグループ内移転は自由に実施可能	●SCCに比べ、導入負荷が高い（期間、費用） ●グループ外の企業とのデータ移転には適用できない
SCC ：データ移転元と移転先の企業でデータの取扱いに関する契約を締結	●ひな形が公開されており、BCRに比べ、締結のための負荷が低い ●グループ外へのデータの移転についても活用可能	●移転目的と対象の個人データを契約書に明記するため、追加、変更が生じた場合、改訂が必要

4-5 域外適用

　ビジネス拠点がEU域内に所在していなくとも，EU域内の個人に対しEU域外から商品やサービスを直接提供する場合，GDPRの適用対象となります（GDPR第3条2項（a））。こうした「域外適用」規制は，日本の個人情報保護法においても採用されています（法第75条）が，両者の概念に大きな差異はありません。

　GDPRの「商品やサービスの提供」については，たとえば，EU居住者が諸外国に本社をおく企業のショッピングサイトに直接アクセスして商品を注文するケースなどが想定され，特に，同ショッピングサイトが，EU域内の消費者を意識した構成（通貨や使用言語等）となっているかどうかが，適用の有無の判断基準に含まれるとされています。適用がある場合，当該事業者は原則としてEU域内に，自社に代わって個人データを取り扱うための代理人をおく必要があります（GDPR第27条1項）。

図表Ⅱ-4-6　域外適用の対象（日本/EU）

	日本（個人情報保護法）	EU（GDPR）
域外適用の対象となるケース	国内にいる者に対して商品やサービスの提供に関連して個人情報を取得したうえで，外国において当該個人情報を取り扱う場合	EUに拠点を有しない第三国の事業者が，EUにいる者に対する商品やサービスの提供（またはEUにいる者のEU域内における行動のモニタリング）に関連して個人データを処理する場合

4-6 事業者の説明責任の強化

　GDPRでは個人の権利強化を進めており，その一環として，事業者に対しては個人情報保護対策を適切に講じていることを明らかにするための「説明責任」を課しています（GDPR第5条2項）。同規制には，次のような規定も設けられており，対応に向けて現行ルールの見直しが必要となるでしょう。DPOの選任は，公的機関や，民間企業であっても個人データのモニタリングや第Ⅱ部 **4-2** の特殊な種類の個人データの取扱いを主要ビジネスにおいて大規模に行う場合に必要となる規制ですが，その他の企業に対しても推奨されています。

図表Ⅱ-4-7　事業者の説明責任強化に関するGDPR要求事項

GDPRの要求事項	要求事項の概要	考慮すべき点
個人データへの侵害の通知義務（GDPR第33条）	●個人データへの侵害を発見した場合，原則として72時間以内に監督機関へ報告	●事故発生時の報告手続，手順の見直し ●セキュリティ侵害発見のための取組（ログのレビュー等）の検討
データ主体（本人）の権利強化（GDPR第15-17条）	●データ主体が自身の個人データについてアクセス，訂正，消去の権利を有する	●請求手続に関する社内ルール，申請書類の見直し ●新たな請求手続の公表
データ保護責任者（GDPR第37-39条）	●DPOは個人データ保護に関する知識を有する必要がある ●個人データの管理者，処理者から独立した立場で業務を遂行し，職務上の守秘義務を負う ●GDPRの遵守についての監視業務を行う	●DPOの任命（グループ企業間での連携が可能な場合，グループ企業内で1名のみの選任も可能）

5
海外における
マイナンバー制度

5-1 番号制度の国際的な動向

　日本では2016年から導入されたマイナンバー制度ですが，同様の制度は多くの諸外国で以前から存在しています。海外のマイナンバー制度を比較すると，付番された番号の利用範囲（利用目的）や情報管理における方式の違いなどによっていくつかのタイプに分類することができます。

　図表Ⅱ-5-1からもわかるとおり，スウェーデンやデンマークのように税務や社会保険だけでなく選挙，兵役といった公的な制度に係る手続も含めマイナンバーが幅広く活用されている国もあれば，ドイツのように税務分野のみで利用されている国も存在します。こうした諸外国における導入事例を踏まえ，日本では税分野・社会保障分野をベースとした利用範囲が制定されています。利用範囲が行政に限らず民間にも広がることにより，国民にとってのメリットは増大しますが，一方で情報管理にかかわるリスクやコストが高まることになりますので，こうしたメリット，デメリットをいかにバランスよく両立させるかがポイントとなり，国によって対応が分かれているといえます。

　たとえばスウェーデンなどの北欧諸国では，高福祉を実現している国として国民の国に対する信頼が厚く，満足度の高い行政サービスを享受するためには国による個人情報の管理が必要だと考える傾向が強いことから，行政サービスを中心に幅広い目的でマイナンバーの利用が進んでいます。また韓国やシンガポールのように，近隣国との緊張関係を通じて国が国民の情報をコントロールすることの必要性を認識し，国が中心的な役割を果たすことでマイナンバーが幅広く活用されているケースもあります。

　他方，北欧以外の欧州諸国では国民1人ひとりがプライバシーを重視する傾向が強く，その結果，ドイツのように利用範囲を税務分野に限定したマイナンバーの活用にとどめる国もあります。

　また，アメリカやカナダなどでは国家による統制よりも個人の自由を尊重

5-1 番号制度の国際的な動向

図表Ⅱ-5-1 諸外国のマイナンバー制度

国名	番号の種類	適用業務	付番維持管理機関	根拠法	導入開始年
イギリス	国民保険番号（9桁）	税務（一部），社会保険，年金等	雇用年金省歳入関税庁	社会保障法	1961年
アメリカ	社会保障番号（9桁）	税務，社会保険，年金，選挙等	社会保障庁	社会保障法	1936年
カナダ	社会保険番号（9桁）	税務，失業保険，年金等	雇用・社会開発省	雇用保険法	1964年
スウェーデン	住民登録番号（10桁）	税務，社会保険，住民登録，選挙，兵役，諸統計，教育等	国税庁	個人登録に関する法律	1947年
デンマーク	住民登録番号（10桁）	税務，年金，住民登録，選挙，兵役，諸統計，教育等	内務省中央個人登録局	個人登録に関する法律	1968年
韓国	住民登録番号（13桁）	税務，社会保険，年金，住民登録，選挙，兵役，教育等	行政安全部	住民登録法	1968年
フィンランド	住民登録番号（10桁）	税務，社会保険，住民登録等	財務省住民登録局	住民情報法	1960年代
ノルウェー	住民登録番号（11桁）	税務，社会保険，住民登録，選挙，兵役，諸統計，教育等	国税庁登録局	人口登録制度に関する法律	1971年
シンガポール	住民登録番号（1文字+8桁）	税務，年金，住民登録，選挙，兵役，車両登録等	内務省国家登録局	国家登録法	1948年
オランダ	市民サービス番号（9桁）	税務，社会保険，年金，住民登録等	内務省	市民サービス番号法	2007年
イタリア	納税者番号（6文字+10桁）	税務，住民登録，選挙，兵役許認可等	経済財政省	納税者登録及び納税義務者の納税番号に関する大統領令	1977年
オーストラリア	納税者番号（9桁）	税務，所得保障等	国税庁	1988年度税制改正法	1989年
ドイツ	税務識別番号（11桁）	税務	連邦中央税務庁	租税通則法	2003年

出所：財務省資料「諸外国における税務面で利用されている番号制度の概要」(2014年1月時点)より一部加工。

し，番号をもたないことによる不利益はあくまで本人の自己責任という考えのもとで，民間サービスも含めて幅広い活用が行われている一方で，マイナンバー（社会保障番号）の申請・取得はあくまで自己判断，とするケースも存在します。

このように，マイナンバーをどのような範囲で利活用するか，国民全員に対して付与（すなわち出生とともに付番）するかどうかなどは，国それぞれの風土や文化などによって決められてきているというのが実情のようです。

図表Ⅱ-5-2　マイナンバー制度・タイプ別比較

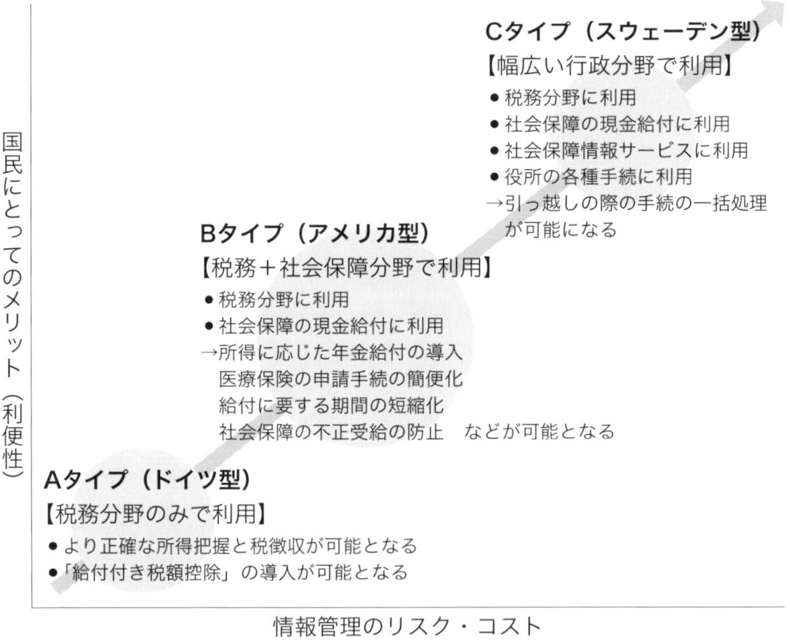

縦軸：国民にとってのメリット（利便性）
横軸：情報管理のリスク・コスト

Aタイプ（ドイツ型）
【税務分野のみで利用】
- より正確な所得把握と税徴収が可能となる
- 「給付付き税額控除」の導入が可能となる

Bタイプ（アメリカ型）
【税務＋社会保障分野で利用】
- 税務分野に利用
- 社会保障の現金給付に利用
→所得に応じた年金給付の導入
　医療保険の申請手続の簡便化
　給付に要する期間の短縮化
　社会保障の不正受給の防止　などが可能となる

Cタイプ（スウェーデン型）
【幅広い行政分野で利用】
- 税務分野に利用
- 社会保障の現金給付に利用
- 社会保障情報サービスに利用
- 役所の各種手続に利用
→引っ越しの際の手続の一括処理が可能になる

出所：内閣官房「社会保障・税に関わる番号制度に関する検討会中間取りまとめ」（2010年6月29日）より一部加工。

コラム10 ── 付番方式と ID カード ──

国民1人ひとりに番号を付けてその基本情報を管理するというマイナンバー制度では，番号の付け方に関して本人の申請による場合と，出生とともに付番する場合の2つの方式に分類することができます。

前者（本人の申請による場合）の典型的な例は，アメリカの社会保障番号制度およびカナダの社会保険番号制度です。アメリカの社会保障番号制度では，官民問わず，社会保障，教育，農政，預金口座などにおいて，身分証明だけでなく運転免許の取得，携帯電話やアパートの契約など広く利用されています。申請自体は強制ではありませんが，社会保障番号をもたない者は税控除の対象外となってしまうことなどから，通常は出生と同時に申請されています。

後者（出生による付番）は，日本のマイナンバー制度を含め，アジアでは韓国や台湾，ヨーロッパではスウェーデンやオーストリア等多くの国で採用されています。

またマイナンバーに紐づく公的な身分証明としてのIDカードに関する制度については，特にヨーロッパにおいて一般的な仕組みとして浸透しています。オーストリア，フィンランド，フランス，イタリア，ポルトガル，スウェーデンなどでは，制度はあるものの任意適用としていますが，ドイツ，ベルギー，ギリシャ，スペインなどでは，国民に常時携行を求める強制的な制度として運用されています。ドイツのようにIDカードに生体認証を組み込むなど，本人確認機能を強化する国が増える一方，プライバシーへの懸念により，イギリスのようにIDカード制度の廃止に至るほど反対論が根強い国もあります。

イギリスを例にあげると，IDカードにはICチップが内蔵されており，ID登録簿に記録されたすべての情報，すなわち氏名，住所，生年月日のような基本情報に加えて旅券番号，顔，指紋，虹彩などの生体情報がすべてこのICチップに書き込まれ，国民はこのIDカードを常時携行することが義務づけられていました。しかしながらプライバシー侵害への懸念が国民全体に広がり，2010年の政権交代を機にこれらを定めたIDカード法は廃止に至っています。

日本の個人番号カード（マイナンバーカード）にもICチップが内蔵されていますが，イギリスのような諸外国の事例も踏まえたうえで，書き込まれる本人情報としては券面に記載されている以下の内容にとどめています。

- 基本4情報（氏名，住所，生年月日，性別）
- 顔写真データ
- マイナンバー（個人番号）

方式	おもな採用国
本人による申請	アメリカ，カナダ
出生（または一定年齢以上）による付番	日本，スウェーデン，オーストリア，イタリア，韓国，台湾，イギリス（15歳9ヵ月時点）

5-2 期待に応えるマイナンバー制度

　北欧などではマイナンバー制度が安定した仕組みとして定着し，その結果国民が高い利便性を享受している成功例であるといえます。たとえばスウェーデンでは，国民番号（Personal Identification Number：PIN）が出生の時点で全国民に付与され，住民登録，納税，社会保険，雇用・失業，病院，徴兵，運転免許，パスポート，郵便，不動産登記，警察，教育，選挙，統計調査などあらゆる行政手続において使用されています。加えて民間においても銀行取引や保険手続などの金融分野に渡って広く活用されています。

　国民1人ひとりの税金や社会保険料は税務署が一括して徴収・管理しているため，国民は税務署から送られてきたプレプリント済の確定申告用紙の内容を確認し，サインして税務署に返送するだけで納税手続を済ませることができます。

　またエストニアにおいては，国民番号とよばれる11桁の数字が出生時に定められ，同時に発行される電子IDカード（eIDカード）により，運転免許証や保険証，EU内パスポートの代替として利用されています。国民は各種行政手続をオンラインで行うことができる「市民ポータル（電子私書箱）」を利用でき，カードリーダーでeIDカード情報を読み取るか，IDとパスワードの入力でログインすることで，自身の個人データのほか，年金情報，納税情報，医療保険情報，自動車登録情報，銀行口座残高，犯罪歴などを閲覧できます。それらの個人データにアクセスした本人と第三者（公務員など）のID番号やアクセス日時などが無期限で保存されており，いつ誰が参照したかの確認が可能です。

　こうした国々では，情報の透明性が高い仕組みが国による一括管理のもとで構築・整備されているからこそ，マイナンバー制度もまた安定的に定着し，国民からの信頼を得て根づいているといえるでしょう。

5-3 課題を抱えるマイナンバー制度

(1) なりすましによる被害

　アメリカでは，Social Security Number（SSN）とよばれる9ケタの番号が導入されています。SSNの取得自体は義務ではありませんが，銀行口座の開設やクレジットカードの発行，携帯電話・スマートフォンの契約といった日常生活のさまざまな局面においてSSNが身分証明の役割を果たすことから，利便性の高いIDとして国民の間で広く浸透しています。

　しかしながら，ひとたびSSNやそれに紐づくほかの情報（氏名，住所，口座情報など）を入手されてしまうと，なりすましによって多額の損害を被る危険性があります。なぜなら，アメリカでは上記のような手続きを進める際に，口頭レベルでSSNの番号を伝えるだけで本人確認が成立してしまうケースが一般的であるためです。

〈なりすまし被害の例〉

> ①自分名義のクレジットカードが作成・発行され，多額の買い物をされてしまう。
> ②自分名義で自動車が購入されたり携帯電話の契約が行われ，それらが犯罪に悪用される。
> ③本人になりすまして確定申告が行われ，税の還付金をだまし取られる。
> ④銀行口座を開設され，マネーロンダリングなどの犯罪に使用される。
> ⑤印鑑登録をされ，さまざまな契約が取り交わされている。

　こうしたケースに共通しているのは，本人が気づかない間になりすまし行為が行われ，請求書の到着などをきっかけに後から事態が発覚するという点です。

　このようにアメリカで多発しているなりすまし被害を防止するため，日本のマイナンバー制度ではマイナンバーの用途（利用目的）を限定するとともに，本人確認の際には厳格な確認手続を義務づけています。

(2) 漏えいによる被害

　韓国やアメリカでは，住民登録番号やSSNといったマイナンバーを特定の機関に集約して集中的に管理する，いわゆる「一元管理方式」を採用しています。この方式の場合，マイナンバーの管理，連携は容易になるというメリットがある一方で，ひとたび情報漏えいの事故が発生するとその被害が甚大になるというプライバシー上の懸念が指摘されています。

　図表Ⅱ-5-3のとおり，こうした危険性が現実のものとなった事故が韓国，アメリカともに発生しています。いずれも漏えい件数が大規模に及び，マイナンバー制度に対する信頼性を失墜させかねない出来事として位置づけられます。

　日本ではマイナンバー制度を導入するにあたり，こうした海外の漏えい事故のケースも参考にしながら，一元管理方式ではなく，情報を各行政機関で分散管理し，中継データベース（情報提供ネットワークシステム）を通じて情報連携するという，いわゆる「分散管理方式」を採用しています。これによって，万が一情報漏えいが発生した場合でも，影響を抑える仕組みが整備されていることになります。

図表Ⅱ-5-3　韓国・アメリカで発生した漏えい事故

国	漏えいのタイプ	内容
韓国	内部からの流出	2014年1月に韓国のクレジットカード会社3社から住民登録番号や金融機関の口座番号，金融信用等級を含む顧客の個人情報が外部に流出。その数は3社合計で約1億400万件（重複している件数を除いても約2000万人分）。 原因はクレジットカード会社3社が使用する不正使用検知システム（換金性の高い商品や高額商品の連続した購入などを検知するシステム）の構築を担当したベンダー社員が，顧客データベースからUSBメモリに情報をコピーして持ち出していたことによる。
アメリカ	外部からの不正アクセス	2015年4月および6月に，アメリカ連邦政府の人事管理局（OPM）のシステムに何者かが不正に侵入。 約420万人の現職員および元職員の個人情報に加え，現職員，元職員または職員候補者の人物調査情報を含む個人情報が漏えい。 そのなかには，約2,150万人のSSNと約560万件の指紋データも含まれていたとされている。

第Ⅲ部

個人情報保護・プライバシー規制に関する実務対応

1
個人情報保護管理体制の整備

1-1 はじめに：個人情報保護のポイント

ここまでは，日本および，EU を中心とした海外における個人情報保護に関する法規制や動向について紹介してきました。この章では，こうした規制への対応として，個人情報保護管理体制を整備するためのポイントを整備手順，評価指標の観点から説明していきます。

個人情報保護の観点で必要な対応を関係者別にわけると，**図表Ⅲ-1-1** のように，「①本人向け対応」，「②組織内対応」，「③外部組織向け対応」に分類されます。②については，個人情報以外の一般の情報セキュリティの観点と同様ですが，①，③は個人情報固有の観点が含まれます（図表の吹き出し部分）。

(1) 本人向け対応
- 情報主体である本人からの個人情報の収集に際しての利用目的の通知，同意の取得等
- 本人からの各種請求（個人情報の開示，訂正，削除，その他権利の行使）の手続，手順の整備，運用

(2) 組織内対応
- 収集した個人情報の取扱いに対するデータ保護対策

(3) 社外組織向け対応
- 収集した個人情報の取扱いを社外に委託する，または社外組織へ提供する場合の適切なデータ保護対策の指示，監督
- 個人情報の取扱いの委託において再委託が生じた場合の事前承認
- 漏えい事故が発生した場合の迅速な調査や報告（漏えい対応の詳細については第Ⅲ部 **2-2** を参照）

1-1 はじめに：個人情報保護のポイント

図表Ⅲ-1-1　個人情報保護に必要な対応（関係者別の分類）

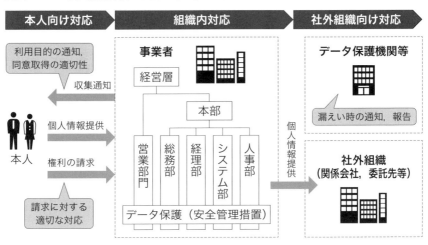

1-2　管理体制の整備手順

　個人情報の保護においては，特定の利用目的に基づいて個人情報が収集され，組織の情報として取り扱うために情報システムや紙媒体等に記録，保管され，必要に応じて更新，加工され，利用目的を終えて不要となった際に媒体を廃棄，もしくはデータを消去するまでの一連の流れ（一般的に，「データのライフサイクル」と呼ばれます）の中で，想定されるリスクを識別してリスクを低減するための対策の検討，実践が求められます。

　そのための最初の取組みとしては，保護対象とされるべき，事業者内で取り扱われる個人情報を把握することがあげられます。

　どういった個人情報（氏名，住所等，情報の種類）を，どのくらい（件数），どこで（取扱部署）取り扱っているか，の観点で抽出された個人情報に対して，主要リスクを特定・評価し，リスクに応じたセキュリティ対策を講じていくことになります。こうした手順（**図表Ⅲ-1-2**）は，所在国や適用すべき法令等に応じて変わるものではなく，共通のフレームワークであるといえます。

　図内の各手順において，作業を進めるうえで重要な点なのは，特に前半部分（STEP1〜3）です。

　STEP1【概要把握】において，評価対象とする個人情報の特定が漏れていた場合，手戻りが大きくなります。また，GDPRや日本の個人情報保護法をはじめとする各国の法規制において，対象となる個人情報が一部異なってきて，どこまでを評価対象とするかについても事前検討が必要です。

　STEP2【評価】，STEP3【対策立案】では，どういった「評価指標」を採用するか，誰が評価するかといった観点が体制構築に大きく影響します。個人情報保護管理体制の構築，改善を目指す事業者は，自社対応を行う上で次のような点が懸念材料であるとして，外部専門家の支援を受ける例も多く見受けられます。評価指標については後段でもう少し詳しくご紹介します。

- 限られた期間，リソースでもれなくギャップ検出できるかどうか
- 検出されたギャップに対して，なにをどこまで改善すればいいのか
- 改善が必要な場合，実効性が高く，なおかつ効率的な方法を検討できるか
- 組織横断的な対策が必要な場合の役割分担をどうするか

図表III-1-2　個人情報保護に関する管理体制構築の整備手順

	STEP1 【概要把握】	STEP2 【評価】	STEP3 【対策立案】	STEP4 【改善，周知】	STEP5 【運用】
	個人情報保護管理 体制の把握	評価	対策立案	改善実施 改善結果の周知	新運用の実施， モニタリング
作業概要	▶方針立案 ▶管理体制の概要把握 　●組織，規程類の整備状況 　●運用状況の確認 ▶個人情報の把握 　●利用目的，所管部門 　●データ種類，件数（概算） 　●外部委託の有無，目的	▶評価基準の選定 ▶事前に定められた評価指標に基づき，現状調査を実施し，ギャップの洗い出しを行う ▶結果の整理	▶検出されたギャップに対して，対応策を検討すし，決定する 　●組織体制の整備，見直し 　●規程類の新規作成，改訂 　●運用の見直し，手順の改訂	▶決定事項に基づき，改善を実施する ▶改善結果の関係者への説明，業務マニュアルの見直し ▶一般社員に向けた教育	▶新運用の開始 ▶新運用の適切性のモニタリングと改善

1-3 管理体制の評価に活用される指標

　管理体制を評価する際は，評価の根拠となる「評価指標」に基づき行われることが一般的です。採用された評価指標は，前述したSTEP2【評価】，またそれ以降の手順の中でも，現状とのギャップを把握し，改善に向けた取り組みを進めるうえでのベースとなります。

　日本国内の事業者が個人情報保護に関する評価を実施する際，第一に依拠すべき指標としては，日本の個人情報保護法がそれにあたるといえるでしょう。

　日本の個人情報保護法においては，同法令が求める要求事項をより具体化，詳細化したガイドライン（従来は，各業界を所轄する省庁が個別にガイドラインを公表していましたが，改正法では，金融，医療等特定の分野を除き一本化されました）をベンチマークとして活用することが一般的です。金融など特定の業界では，業界団体が別途ガイドラインを公表している例もあります。

　その他，日本の個人情報保護法をベースに日本独自の規格として公表されているJIS Q 15001（個人情報保護マネジメントシステムの要求事項）は，1998年度より第三者認証制度（プライバシーマーク）に活用されており，個人情報保護に関する評価指標として広く日本国内の事業者に認知されています。

　同認証を取得することで利用が許諾される「プライバシーマーク」は，事業者のホームページや個人顧客向けオンラインショッピングサイトに当マークを掲載することで，一般消費者にもわかりやすく管理体制をアピールできるとして，2017年7月現在，15,000を超える事業者が認証を取得しています。また，評価指標が求めるレベルを達成するための具体的な対策を記載したガイドラインも整備されています（「JIS Q 15001：2006をベースにした個人情報保護マネジメントシステム実施のためのガイドライン―第2版」（2017年7月時点）など）。

図表Ⅲ-1-3　ISOが公表したプライバシーに関する規格

規格名	説明
ISO/IEC29100：2011	プライバシー保護の枠組みおよび原則に関する規格
ISO/IEC29191：2013	個人情報の暗号化に関する規格
ISO/IEC27018：2014	クラウド環境における個人情報保護に関する規格
ISO/IEC29190：2015	プライバシー能力評価モデル

　プライバシーマーク認証を取得した企業の中には，取り急ぎ同ガイドラインに基づき管理体制を整備したものの，自社の特性にあっておらず実効性の高い管理体制となっていない，手続が煩雑で運用負荷が高いといった悩みもよく聞かれます。

　一方，近年の国境を越えた個人情報の取扱いや，IT技術の進歩にともない，各国の法規制によらないグローバル基準の整備も進んでいます。情報セキュリティや品質管理などさまざまな分野で国際的な規格を公表している国際標準化機構（International Organization for Standardization：ISO）は，2010年以降，プライバシーに関する新たな規格を複数公表しています。

　たとえば，ISO/IEC29100は，プライバシーフレームワークに関する規格であり，個人識別が可能な情報（Personally Identifiable Information：PII）を保護するためのプライバシー原則（11項目）を紹介しています。また，ISO/IEC27018は，パブリッククラウドサービスを提供する事業者における個人情報保護の規格として2014年に公表されました。Microsoft，Dropbox，Google，Amazon等のIT企業が同規格に基づく第三者評価の実施を公表しており，日本でも一部のIT企業が同様の公表を行っています。こうした世界的なIT企業が同規格に基づく第三者評価の実施を公表することで，同規格の認知度が高まり，追随して実施する企業も増えてきています。

1-4 アウトソーシングビジネス等,顧客向けサービスを対象としたビジネスに対する管理体制の評価

　IT技術の発展にともない,企業が担うビジネスの一部を第三者の企業が請け負うアウトソーシングビジネスが拡大しており,その結果,IT企業をはじめとする多くのアウトソーサー(以下,受託会社という)が,国内外の企業を顧客に持ち,同顧客企業が保有する膨大な量の個人情報を取り扱っています。

　委託元の企業(以下,委託会社という)は,自社が保有する個人情報の取扱いを受託会社に起因して漏えい事故が発生した場合,委託元として,受託会社に対する監督責任が問われるリスクがあります。そのため,受託会社における管理体制を把握したい,というニーズが高まってきました。

　一方,受託会社からみると,顧客企業である委託会社から個別に問い合わせがあった場合,その対応に多大な作業工数や費用を費やすことになります。そのため,自社の管理体制を顧客に対し共通的に説明できる手法を要望する声が出てきました。

　こうした状況も背景に,受託会社における内部統制の有効性について,独立した立場から客観的に検証する第三者評価の枠組みが,米国公認会計士協会において整備された「受託業務に係る内部統制の保証報告書(System and Organization Controls Report:SOCレポート)」であり,同枠組みは日本国内でも普及しています。

　SOCレポートには**図表Ⅲ-1-4**の通り複数種類があり,従来は財務諸表に影響を及ぼすリスクに対する評価(SOC1)が一般的でした。現在は,セキュリティ,可用性,プライバシー等,セキュリティ全般に関する内部統制に対して実施される評価(SOC2,SOC3)が広がってきています。これらの評価結果をとりまとめたSOCレポートを受領し,委託会社に向けた自社内部統制の説明に活用する取組みは,世界的なIT企業のみならず,日本の多くの受託会社においても定着しています。

1-4　アウトソーシングビジネス等，顧客向けサービスを対象としたビジネスに対する管理体制の評価

図表Ⅲ-1-4　SOCレポートの種類と主な特徴

分類	SOC1	SOC2	SOC3
利用者	委託会社，委託会社監査人	委託会社，見込み顧客等限定された特定の企業	一般ユーザ（HP等で公開）
利用目的	財務諸表に係る重要な虚偽表示のリスクに関する内部統制の評価	以下のリスクに関する内部統制の評価 セキュリティ※ 可用性（必要な時に利用できること） 完全性（正確であること） 機密保持 プライバシー	
報告書の記述レベル	詳細レベル		概要レベル

※主に物理セキュリティ（入退室管理など）および論理セキュリティ（情報システムへのアクセス管理など）を指す。

　SOCレポートがプライバシーマーク制度やISMSなどの認証制度と大きく異なる点は，「評価結果の詳細を顧客に提示できる」点です。

　認証制度の場合，認証の取得企業に対し審査機関より審査報告書が発行されますが，この報告書自体は社外利用を前提としておらず外部に開示されるものではありません。一方，SOCレポートの場合，委託会社等，特定の社外組織に対する開示を前提として，受託会社の内部統制に関する詳細な評価結果が含まれた報告書を監査法人が作成し，受託会社に提出されます。委託会社は，同レポートを参照することで，自社が求める指標に対し，受託会社の管理体制がどの程度適合しているかを把握することができます。

　受託会社側のメリットとしては，委託会社等からの問い合わせに対し，SOCレポートを共通的に活用できる，また，第三者の詳細な評価結果を顧客企業である委託会社（および見込み顧客）に開示できることで，顧客企業向けサービスに対する信頼性の向上や同業他社との差別化，優位性の確保といったアピールにつなげられることなどがあげられます。

2
情報のライフサイクルごとの実務対応

2-1 情報のライフサイクル

　情報システムやインターネットは，業務における単なる情報インフラではなく，現在の企業経営にとってビジネスの成功の鍵を握る必要不可欠なものとなっています。一方で，情報システムへの依存度が高くなり，個人情報を含む機密性の高い重要な情報が膨大な件数で取り扱われるようになるにつれ，事業の拡大や利便性の向上と引き換えに，ちょっとしたミスが企業の存続をゆるがすまでの大きな事態に発展する危険性を持ち合わせる状況にもなりつつあります。個人情報の漏えいや情報システムの停止は，単に財務的な損失が発生するだけでなく，企業としてのブランドイメージの失墜も引き起こし，自社だけでなく，グループ企業や取引先を含めた範囲にまで大きな被害をもたらします。このように，企業にとって情報セキュリティリスクを適切に管理することは，経営における最重要課題の１つとなっています。

　企業が個人情報を適切に管理するためには，「取得・入力」⇒「移送・送信」⇒「利用・加工」⇒「保管」⇒「廃棄」等といった個人情報のライフサイクルにおいて，各プロセスにおけるリスクを網羅的かつ詳細に洗い出し，その１つひとつについて，自社だけでなく関係する委託先等を含めて適切な管理策を講じることが重要となります（**図表Ⅲ-2-1** 参照）。

図表Ⅲ-2-1　情報のライフサイクル

2-2 取得・入力

　取得・入力段階とは，事業者が主体的に個人情報を入手する場合だけでなく，顧客がウェブサイト等を通じて入力した結果として事業者が受領する場合等も含め，事業者内になんらかの方法により個人情報が入ってくる段階のことをいいます。顧客や新入社員等の個人情報の種類やその入手方法等によって，取り扱う部署が異なる可能性があり，それぞれの入手ケースにあわせた対策を講じる必要があります。

(1) 取得した個人情報の記録

　個人情報を取得した際には，取得後のさまざまなプロセスを通じて適切に管理できるように個人情報の管理台帳を作成することが重要です。個人情報管理台帳には，取得する個人情報の項目，利用目的，保管場所，保管方法，アクセス権限を有する者，利用期限，その他個人データの適正な取扱いに必要な情報を記載し，法令への対応や安全管理において漏れがないようにすることが重要です。特に個人情報の種類によって本人からの同意取得が必要となるなど，取得時の対応やその後の安全管理措置が異なる場合には，個人情

図表Ⅲ-2-2　個人情報管理台帳の例

No.	名称	情報の種類			内容	媒体	管理方法	保管場所	管理者	保管期限	廃棄
		要配慮	識別符号	その他							
1	XXX	●			XXX	XXX	XXX	XXX	XXX	XXX	XXX
2	XXX		●		XXX	XXX	XXX	XXX	XXX	XXX	XXX
3	XXX			●	XXX	XXX	XXX	XXX	XXX	XXX	XXX

情報の種類を明確にして，種類に応じた安全管理措置を講じることが重要！

報の種類を明記し，ほかの個人情報と区別して管理する必要があります。

>取得・入力上のポイント

①要配慮個人情報への対応と同様，まずは，法令等の個人識別符号の定義に基づき自社の個人識別符号を明確にする

②①に基づき個人情報管理台帳（**図表Ⅲ-2-2**参照）に整備することで，業務フローにおける具体的な取得のケースに対して漏れなく対応する

（2）取得・入力担当者の特定

　事業者における対応として，保管されている膨大な量の個人情報については情報漏えいを危惧し，そのアクセスについてしっかりと制限するように対策していますが，日々膨大な量の個人情報を取り扱っている取得・入力段階に関与する従業者については，あまり限定されておらず，明確に特定されていないケースもみられます。個人情報の取扱いについては，業務の効率性との兼ね合いはありますが，不必要に多くの従業者に取得・入力させることは望ましくありません。

>取得・入力担当者へのポイント

- 個人情報の取扱担当者を必要最低限の人数で明確にする
- 教育研修などの人的安全管理措置や作業区域を分けるなどの物理的安全管理措置を講じる

　個人情報の取得・入力の窓口となる従業者に派遣社員等が含まれている場合，個人情報の取扱い範囲については正社員と差がないにもかかわらず情報セキュリティやコンプライアンス等の教育研修については，正社員と比較して不十分となってしまわないように注意が必要です。

（3）取得・入力する個人情報の範囲の明確化

　取得・入力に関与する従業者を限定することと同様に，取得・入力する個人情報の範囲についても必要最低限なものにしておく必要があります。顧客情報の入力画面や申込用紙等において，必須情報となる氏名・住所・連絡先以外に，不必要に情報を取得しているケースはよくみられます。これらの場合には，その後のマーケティング活動として利用するケースも多いため，必ずしも不必要とまで言い切れない部分もありますが，マーケティングとしての使用目的が明確でない情報を不必要に取得することは，情報漏えいリスクや日常の管理負荷を高めることにつながります。取得する個人情報の範囲については，これらのことを考慮して十分に検討することが望ましいといえます。

（4）取得経緯についての確認

　個人情報の取得は必ずしも本人からとは限りません。個人情報保護法においては，第三者から個人データの提供を受けることがビジネス上想定されており，提供を受ける際には提供元についての確認が必要です。確認項目としては，相手先の氏名・住所だけでなく，相手先における個人データ取得の経緯も含まれています。また，当該確認結果については記録し一定期間保存しなければなりません。個人情報の取得が本人からの取得ではない場合であっても，事業者が果たすべき義務があるということに注意が必要です。

2-3 移送・送信

　移送・送信段階とは，事業者が取り扱っている個人情報を管理している場所から別の場所に移すことをいいます。情報漏えいリスクの重要度から外部に対する移送・送信が対策の中心となりますが，社内便や部署間での授受等といった事業者内での移送・送信も含まれています。個人情報の移送・送信は禁止されていませんが，移送・送信時には漏えい・滅失・き損管理策を講じることが必要とされています。

(1) 移送時の漏えい対策

　移送とは，郵便や宅配便での発送や担当者による搬送など，個人情報を物理的に移動させることをさします。郵便や宅配便等の場合には，紛失・盗難のリスクへの対応を検討するとともに，相手先に届く前に郵便・宅配便業者といった当該個人情報の取扱いにまったく関係のない外部の中間業者を経由することにも留意しておく必要があります。

郵便や宅配便等の漏えい対策

- 容易に個人情報をみることができないように封かんする，目隠しシールを貼る
- 移送する個人情報の件数や内容の重要性等の情報漏えいリスクの大きさに応じて，より機密性の高い方法として施錠できる搬送容器を使用する
- 追跡可能な移送手段として，配達記録，書留郵便等のサービスを利用する
- 行政機関等の相手先から指定されている方法があれば，それに従う

　電子データの保管された記憶媒体や情報処理端末等の移送については，紙媒体と比較して情報の件数が非常に多いため，より厳格な対応が必要です。

図表Ⅲ-2-3　情報漏えいの原因

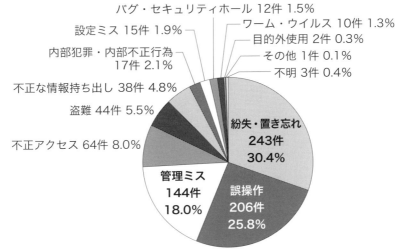

出所：NPO日本ネットワークセキュリティ協会（JNSA）「2015年情報セキュリティインシデントに関する調査報告書【速報版】」

日本ネットワークセキュリティ協会の調査によれば，情報漏えいの原因は，紛失・置き忘れがトップであり，約3割を占めています。モバイルPCやスマートフォンの利用は，業務において必須のものとなってきており，外出時にむやみに持ち出さない，手元から離さないなどのルールを徹底してもすべての従業者に遵守させることは非常に困難です。

電子データは紛失・置き忘れが発生することを前提として考え，以下の項目を行う必要があります。

  電子データの漏えい対策
- 媒体へのセキュリティロック
- データへの暗号化やパスワード設定等

(2) 送信時の漏えい対策

　送信は，物理的な移動である移送に対して，電子メールの送付や各種ネットワークを経由しての個人データの授受等，電子的な方法による移動をさします。送信の場合は，対象となる個人情報を電子データで大量かつ容易に移動させることが可能であり，また情報通信技術が日々飛躍的に発展し技術的な対策が追いついていないケースもあるため，情報漏えいリスクはきわめて高くなります。送信時のリスクとしては，通信経路における盗聴・改ざん，電子メールの誤送信等が考えられます。

盗聴・改ざんの対策

- ネットワークを暗号化して盗聴されないようにする
- メールの添付ファイルにパスワードを設定して盗聴されても容易に開けることができないようにする

　パスワード設定をしていても，添付ファイルをつけたメール本文にパスワードを記載したり，容易に推測可能なパスワードを設定したりすることにより，対策として十分な効果が得られていないケースも散見されます。基本的なルールについて従業員への継続的な周知徹底が必要です。

　誤送信については，郵便や宅配便においても同様に発生するリスクですが，電子メールは大量の個人情報を容易に送付することができること，また送付先の指定において送付先アドレスを間違いやすいことなどから，郵便や宅配便による移送の場合よりもリスクが高いと考えられます。電子メールの誤送信への対策については，通信経路への対策同様に添付ファイルへのパスワード設定を行うケースが多いのですが，添付ファイルの送付に続けて同一の宛先にパスワードを送付する場合は，あまり有効ではないとの意見もあります。

> 誤送信の対策

- メールシステムの機能により，別途正確に登録されたメールアドレスにしか送れないようにする
- 外部への電子メール送信の場合には送信先アドレスをチェックするようにメッセージを表示する

　添付ファイルの送信時の漏えいについては，誤送信だけでなく，自宅での作業や個人情報の不正流出等を目的として，意図的に外部に送信するケースも想定されます。

　最近では，すべての外部送信メールを対象として，警告メッセージの表示，上位者への連絡メッセージ送信，ログの取得・通知等をメールシステムの機能として実装する事業者も増えてきています。

2-4　利用・加工

　利用・加工段階とは，利用目的の範囲内にて個人情報を閲覧したり編集したりする段階のことをいいます。取得から廃棄までに共通する対策として，アクセス制御，照合・確認，記録・分析等がありますが，利用・加工段階では，ほかのプロセスと比較して個人データの取扱時間も長く，種類も内容も複雑になるため，取扱いの内容にあわせて具体的に検討する必要があります。

(1) 利用範囲の限定

　利用・加工段階においては，事業者の利用目的や取扱いの内容はさまざまであり，顧客情報をとってみても，商品・サービスに関する直接の取引・決済だけでなく，サポート・メンテナンスの提供，イベント等の案内，アンケート等の収集・分析，刊行物の発送，商品・サービスの研究・開発，各種問い合わせ対応等において，利用・加工されることとなります。これにともない，さまざまな部署や関係者が関与することになり，個人情報を取り扱う利用者が増えれば増えるほど，個人情報が漏えいする可能性が高くなります。情報漏えいリスクを少しでも軽減するためには，まず取り扱う個人データの範囲を本当に必要な利用者・必要なデータだけに限定することが重要です。

　営業部は顧客対応をする部署だからという理由で，顧客管理システムのアクセス権限を営業部門のすべての従業者に一律に付与しているケースがありますが，営業部門であっても直接的に顧客対応をしている従業員もいれば，顧客から受領した書類の事務処理を担当している従業員もいます。また，部門の予算や経費等といった管理系の業務を担当している従業員もいます。各従業員の業務内容にあわせて，業務効率を著しく低下させない程度に必要な範囲に限定してアクセス権限を付与する必要があります（**図表Ⅲ-2-4**参照）。

　また，以前は個人情報を取り扱う担当者であった従業員が，人事異動により担当者ではなくなったにもかかわらず，依然として個人データにアクセス

図表Ⅲ-2-4　アクセス権限の基本原則

Need To Know	最少範囲の原則	情報を知る必要がある人に対してのみ権限を与え，知る必要のない人には与えない。
Least Privilege	最少権限の原則	必要となる最低限の権限のみを与え，必要としない権限は与えない。

できる状態となっているケースもよくみられます。個人データへのアクセス権限を必要な範囲に限定するだけでなく，組織再編，人事異動，業務内容の変更等，環境の変化にあわせて，適時にメンテナンスしていくこともあわせて必要となります。

(2) 利用者の監督

　前述のとおり，利用・加工段階における業務は多岐にわたるため，利用者による業務処理上のミスや不正等が発生しないようにそれぞれの業務にあわせて具体的な対策を講じる必要があります。例えば，各業務の詳細なフローを明確にし，情報の複製・加工・移動等が発生する転換点において，第三者による確認や上席者による承認を組み込むことなどがあげられます。そのうえで，利用者が定められたとおりの手順で個人情報を適切に取り扱っているか確認するといった利用者の監督が必要となります。

　利用者の監督としては，個人情報保護の主管部門による業務状況の確認や内部監査等が一般的であり，監督方法は利用者へのヒアリング，個人情報取扱業務の実施結果として記録された文書の確認，情報システムのデータやログの確認等があります。

　また，このような事後的な確認としての監督だけでなく，利用者の行動をある程度日常的に監視するための対策として，ビデオカメラによる行動の記録や社内メールのモニタリング，情報システムの操作ログの確認等があげられます。

　これらは，利用者の行動をリアルタイムで詳細に監視するだけでなく，当

該監視策を利用者に十分に周知することにより，利用者に対してけん制する効果もあります。利用者に自らの行動が第三者の監視のもとにあり，誰にも知られずに不正を働くことができないと理解させることで利用者の不必要な行動を抑制することが可能となるのです。

> **利用者への牽制効果を図る対策**
> - 内部監査，主管部門による業務状況の第三者確認
> - 操作ログの確認
> - カメラ等による監視および周知
> - 個人情報保護に関する手続違反への罰則強化
> - 手続遵守に関する誓約書の提出
> - 違反者への罰則適用事例についての周知

なお，利用者の行動監視，特に会社の従業者を監視する場合には，従業者のプライバシーや従業者自身の個人情報の保護に十分に配慮しなければなりません。モニタリングの目的，責任者，方法等を明確にした規程を整備し，必要に応じて労働組合等と協議したうえで，従業者に対して十分な説明を行うことが望まれます。また，目的外で利用されることなどがないように内部監査等においてモニタリングが適正に行われているかを定期的に確認することも重要です。

2-5　保　管

　保管段階とは，個人情報の記載された書類を法定の保存年限に基づいて保管したり，情報システムのトラブル等への対応として個人データをバックアップしたりする段階のことをいいます。保管する個人情報の内容や件数，保管方法，保管場所等を十分に検討し，盗難，紛失，き損等といったリスクが発生しないように適切な安全管理措置を講じなければなりません。

(1) 保管場所の管理

　個人情報が記載された書類やバックアップデータの保管については，大量の個人情報が長期にわたり同じ場所に保管されるため，保管場所の管理が重要となります。ほかのプロセスにおけるアクセス管理と同様に，当該保管場所を利用できる担当者を必要最小限とし，定期的な棚卸・見直しにより管理するなどの対応が必要です。特に通常業務で使用しないバックアップデータや一定期間保管しなければならない使用済み文書等は，日常的な執務スペースではない場所や外部の倉庫等に保管されることが多く，保管場所の管理について以下のような不備がよくみられるため注意が必要です。

〈保管場所の管理における不備の例〉
- 執務スペースにはセキュリティカードによる入退室管理が行われているが，個人データのバックアップが保管されたキャビネットはスペースの都合上，執務スペースの外に設置されている
- 個人情報が記載された書類が保管されたキャビネットは常時施錠されているものの，その鍵が管理者の机の施錠されていない引き出しに保管されており，管理者の不在時には誰でも使用できる状態になっている
- 個人データのバックアップが常時施錠された外部倉庫に保管されているが，入出庫の手続が定められておらず誰でもアクセス可能になっている

また，個人データのバックアップへのアクセス権限だけでなく，取得作業における作業権限についても注意が必要です。バックアップデータの取得作業では，個人データの内容を確認したり，不必要なコピーをしたりすることが可能となるため，たとえば，個人データのバックアップ作業については，操作ログを定期的にチェックするなどの対策を講じることが考えられます。

（2）一時的な作業ファイルの保管

　個人情報の保管において，よくみられる安全管理上の問題としては，業務処理フローの途中で生成される一時的な作業ファイルの保管に対する不備があげられます。たとえば，個人情報が記載された書類が保管されたキャビネットは常時施錠され，個人情報データベースとなる情報システムはパスワードや暗号化等の技術的な対策が十分に施されているような事業者であっても，商品案内の発送リストを作成する際，顧客データの管理システムから担当者のPCや共有フォルダ等に個人データをダウンロードして加工し，ダウンロードしたデータを削除し忘れるといったケースが考えられます。また，インターネットサーバへのサイバー攻撃には適切に対応できていても，担当者個人のPCに保管されていた個人データのコピーが，標的型メール等によって外部に流出してしまう事故も相次いで起きています。

　一時的な作業ファイルであっても個人情報であることになんら変わりはないため，以下の事項に注意して適切に管理する必要があります。

> **一時的な作業ファイルの管理のポイント**
> - 個人データをむやみにコピーさせない
> - 個人データを一時的な作業のためにコピーする場合であっても以下の点に注意する
>   ○ 本当に必要か，ほかの方法で代替できないかなどを十分に検討
>   ○ コピーする個人データの内容や件数を必要最低限にする（商品案内の発送リストであるにもかかわらず，氏名，住所以外の性別，生年月

図表Ⅲ-2-5　個人の作業ファイルによる情報漏えい

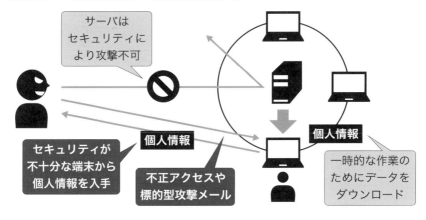

日，所属，家族等その他の情報まで大量にコピーしているケースがよくみられる）
- 一時的な作業ファイルを含めて事務フローを作成し，適切な管理手続を講じる
- 一時的な作業ファイルを管理台帳に記載する（短期間保管した後ですぐに廃棄する一時的な作業ファイルであっても基本的には管理台帳に洗い出しておく必要がある）

(3) オンラインストレージの利用

　オンラインストレージサービスとは，インターネット上でユーザにデータの保管スペースを貸し出して，自由にデータを保管できるようにするサービスです。利用者はサービス提供者から貸与された保管スペースにデータをアップロードすることで，データの保管や共有ができるようになります。通信ネットワークの高速化やインターネットサービスの拡充にともない，オンラインストレージが活用されるようになり，プライベートでの個人利用だけでなく，事業者によるビジネスへの活用も増えてきています。時間や場所を問わず自由にアクセスできる高い利便性は，いったんID・パスワードを盗ま

図表Ⅲ-2-6　オンラインストレージのメリットとデメリット

メリット	デメリット
場所を問わず必要なデータにアクセス可能になり，遠隔地や第三者とのデータ共有が容易である。	自社固有のカスタマイズを行うことが難しい。
導入およびメンテナス費用が安価である。	サービス提供者による突然のサービス停止等の可能性がある。
保守・管理コストの削減につながる。	ハッキング攻撃の対象になりやすい，ID・パスワードで容易に不正アクセスが可能等，セキュリティリスクが高い。

れてしまえば，きわめて高い情報漏えいリスクにもつながります。退職した従業者のID・パスワードを削除し忘れて不正にアクセスされるという事故もよく発生しているため，十分に注意が必要です。

　また，重要機密や個人情報等であっても情報の種類に関係なく安易に保管できてしまうオンラインストレージは，ハッキング攻撃の対象となりやすいと考えられるため，個人データの漏えいリスクなどを含めたセキュリティ面の安全性への配慮も必要です。ファイアウォールや暗号化など，ハッキング攻撃への対策のレベルはサービス提供者によって差があります。オンラインストレージサービスの導入判断やサービス提供者の選定においては，ハッキング攻撃などにより復旧不可能になる，顧客情報が漏えいするといったリスクを含めて検討する必要があります。オンラインストレージサービスは発展の過渡期にあるため，今後のサービス形態の変化，機能の拡充，サービス提供者の増加等の環境変化を随時チェックしながら，継続的に管理方法の見直しを行うことが重要です。

2-6 消去・廃棄

　消去・廃棄段階とは，事業者が保有している個人情報を保管期限満了等により消去・廃棄する段階のことをいいます。必要がなくなった個人情報を持ち続けることは，個人情報の漏えい・滅失・き損のリスクが高まるため，適時に消去・廃棄することが必要となります。また，利用する必要がなくなった個人情報，もしくは本人から削除依頼のあった個人情報については，単に利用できなくするだけでは十分ではありません。一切保有していない状態とする必要があるため，個人情報の保管形態にあわせて適切に消去・廃棄することが重要です。

(1) 消去・廃棄のタイミング

　事業者が保有する個人情報は，どのようなタイミングで消去・廃棄すべきなのでしょうか。利用目的に記載されている事項から利用する必要がなくなったときに即時消去・廃棄するのが理想的ではありますが，現実の業務においては管理負荷が高くあまり効率的ではありません。

　一般的には，保管期限を定めておいて，期限を経過したら消去・廃棄する，もしくは各個人情報の利用要否について定期的に棚卸による確認を行い，不要なものについて消去・廃棄するなどが考えられます。

　適切なタイミングで消去・廃棄を行うためには，上記のように保管期限や定期的な確認日といった期日を管理する必要があります。事業者の業務上の期限については，事業者ごとに設定することになりますが，法令や契約により保管期限が定められている場合には，当該期限に適切に消去・廃棄ができるよう，より厳密に管理しなければなりません。また，法令による保管期限については保管しておくこと自体も義務であり，保管期限よりも前に誤って

図表Ⅲ-2-7　法定書類の保存期限の例

文書	保存期限	関係法令
健康保険に関する書類	2年	健康保険法施行規則
厚生年金保険に関する書類	2年	厚生年金保険法施行規則
労働者名簿	3年	労働基準法
賃金台帳	3年	労働基準法
雇用保険の被保険者に関する書類	4年	雇用保険法施行規則
源泉徴収票（控え）	7年	所得税法施行規則
給与所得者の扶養控除等申告書	7年	所得税法施行規則
配偶者特別控除申告書	7年	所得税法施行規則

消去・廃棄してしまうと法令違反となるため，注意が必要です（**図表Ⅲ-2-7**参照）。

（2）消去・廃棄の方法

　消去・廃棄の目的は，個人情報が漏えい・滅失・き損する可能性を排除することにあるため，明らかに個人情報を判別することができるような方法での消去・廃棄は，漏えい・滅失・き損の可能性が残ってしまいます。確実な消去・廃棄を行うためには，個人情報の保管形態にあわせた適切な方法を選択しなければなりません。個人情報の保管形態については，紙と電子データがあり，それぞれにおける消去・廃棄方法のポイントは以下のとおりです。

紙の消去・廃棄方法のポイント

①シュレッダーによる裁断

　　紙の廃棄として一般的な方法ですが，シュレッダーの裁断方式（ストレートカット，クロスカット，スパイラルカット等）によっては，個人情報をある程度復元することが可能な場合があるので注意が必要です。

②業者による溶解処理

　専門業者に委託して，専用の機械により紙を繊維になるまで溶かしてしまうため，費用はかかりますが完全に復元することができない確実な方法です。ただし，外部の業者に委託して行うため，当該業者の管理不備や不正により溶解処理前に個人情報が漏えいする可能性があります。溶解処理を利用する場合には，秘密保持契約を締結し，溶解が完了した際に溶解証明書を発行してもらう，溶解処理を行う現場を視察するなど，業者からの個人情報の漏えいが発生しないような対策を検討することが必要です。

電子データの消去・廃棄方法のポイント

①電子データの消去

　PC上の電子データは，DeleteキーやWindows等の「ゴミ箱」へのドラッグ＆ドロップにより消去され，さらに「ゴミ箱」を空にすることでユーザが通常は復元できないようにすることが可能です。ただし，この状態では専用のデータ復旧ソフト等を利用して復元することは可能であるため，当該PCの紛失・売却等の際に個人情報の漏えいが発生する可能性があります。最近では，電子データを復元できないように完全に抹消するためのシュレッダーソフトも導入されています。

②記憶媒体の廃棄

　CD・DVD，USBメモリ，内蔵・外付けのハードディスクなどの記憶媒体についても，電子データの消去については上記と同様です。また，完全に復元不可能とするために記憶媒体を物理的に破壊する方法も考えられます。物理的に破壊する際には，外側のケースは壊れているようにみえても，なかにある電子データが記憶されたディスク等はそのまま残っているケースがあるため，確実に破壊されているか確認する必要があります。CD・DVDを破砕できるシュレッダーや電子機器の内蔵ハードディスク等を物理的に破壊してくれる業者等の利用も1つの方法です。

3

漏えい時の実務対応

3-1 情報漏えい時の対応フロー

　個人情報が漏えいしないように適切な安全管理措置を講じることは非常に重要ですが，どんなに最新かつ最適な対策をとっていても個人情報の取扱いに人が関与するかぎり，オペレーション上のミスや悪意のある不正等は必ず発生するため，個人情報が漏えいする可能性をゼロにすることは困難です。個人情報が漏えいした場合には，自社と当該個人情報の本人が被害を受けるだけでなく，顧客，取引先，従業員，グループ会社，株主等，さまざまな関係者に多大な迷惑をかける可能性があります。現実においても**図表Ⅲ-3-1**のように1年間で多くの個人情報漏えい事件が発生しています。

図表Ⅲ-3-1　2016年個人情報漏えいインシデント概要

漏えい人数	1,510万6,784人
インシデント件数	468件
想定損害賠償総額	2,994億2,782万円
一件あたりの漏えい人数	3万4,024人
一件あたり平均想定損害賠償額	6億7,439万円
一人あたり平均想定損害賠償額	3万1,646円

出典：「2016年情報セキュリティインシデントに関する調査報告書」（NPO日本セキュリティネットワーク協会）

　したがって，適切な安全管理措置を講じるだけでなく，個人情報の漏えいが発生した場合の対応についても，あわせて検討しておかなければなりません。漏えい時の対応を平時から検討しておくことは，漏えいによる被害を最小限にし，当該安全管理の不備からの更なる漏えいや，マスコミ対応の不備による報道の過熱等の二次被害の防止になるため非常に重要です。また，漏えい時の対応には，再発防止とその後の改善状況のモニタリングまで含めて検討しておく必要があります。

3-1　情報漏えい時の対応フロー

　個人情報の漏えいが発生した際には，一般的に**図表Ⅲ-3-2**のような対応が求められます。また，各ステップにおける対応のポイントについても，以降，解説していきます。

図表Ⅲ-3-2　情報漏えい時の対応フローの例

発見・報告	情報漏えい事案を発見次第，決められたルートで迅速に報告する
初期対応	初期対応として事実確認および被害拡大の防止に努める
原因究明	証拠を保全するとともに原因について調査を行う
再発防止	原因究明の調査結果にもとづき再発防止策を検討する
連絡・公表	情報漏えい事案につき関係者への連絡や外部公表を行う

事案の内容や状況に応じて並行もしくは前後して実施

3-2 発見・報告

　個人情報の漏えいの疑いもしくは具体的な漏えいの事実を確認した場合には，発見者は迅速に情報管理の責任者および必要な関係者に報告しなければなりません。事業者は，個人情報の漏えいについて，**図表Ⅲ-3-3**のようなさまざまなケースを通じて認識することとなります。それぞれの発見パターンについて，発見から報告のフローを具体的にイメージし，必要に応じて報告フローを個別に変更したり，発見時の初動における留意点などを明文化したりするなどの対応が必要です。

図表Ⅲ-3-3　情報漏えいの発見パターンの例

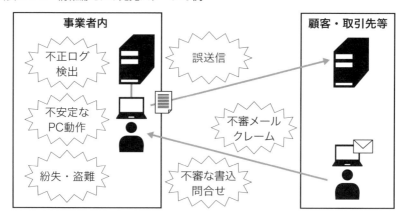

　報告フローは，特別になにかを確認したりすることなく迅速な報告ができるように可能なかぎり平時の業務連絡のフローに近いものが望ましいです。ただし，情報の集約による迅速な対応と不必要な情報拡散の防止等を目的として専門の報告先を設置しているケースもよくみられます。
　報告においては事実確認を正確に行うことが重要であるため，あらかじめ

報告すべき事項を箇条書きにして周知したり，報告シートを作成したりするなど，誰が報告しても同じレベルの情報が収集できるように準備しておくことも必要です。

〈個人情報漏えい発生時の報告事項の例〉
- 報告日時
- 報告者の氏名，所属部署，連絡先（電話，メール）
- 発見日時（※発見と報告が異なる場合）
- 発見者の氏名，属性，連絡先（電話，メール）
- 発見の経緯
- 漏えいした情報の内容，件数
- 漏えいに対する対応
- 漏えいの原因

3-3 初期対応

　個人情報の漏えいに関する報告があった場合の初期対応では，漏えいの発見・報告に基づき，必要に応じて対策本部やチーム等を設置したうえで，被害拡大の防止を図りながら事実関係を詳細に確認し，その後の原因究明の調査，本人への対応，情報漏えい事実の公表等といった対応方針を決定します。

(1) 被害拡大の防止

　個人情報の漏えいが発生したときに最優先に実施すべきことは，当然のことながら個人情報の漏えいによる被害を最小限に抑えることです。個人情報の漏えいがさらに拡大しないようにすることだけを考えるのではなく，漏えいした個人情報が不正に使用されることによる二次的な被害を防ぐことも非常に重要です。漏えいの経緯および漏えいした情報の種類に応じて被害を最小限にするための対応について**図表Ⅲ-3-4**に記載します。

図表Ⅲ-3-4　漏えいの経緯に基づく初期対応

漏えい等の経緯	被害拡大防止のための初期対応
情報機器の紛失・盗難	個人データが保存された情報機器の紛失・盗難の場合には，個人データにアクセスするためのアカウントについて利用停止を行います。紛失の場合には，紛失した可能性のあるルート上の探索や交通機関等への確認を行い，また，いずれの場合も警察への届け出を行います。
メール・FAXの誤送信	個人データを添付したメールや個人情報の記載された用紙のFAXを誤送信した場合には，速やかに受信先に電話してお詫びをするとともに情報の削除を依頼します。
ウイルス感染・サイバー攻撃	個人データの保管されたパソコンや情報システムがコンピューターウイルスに感染した，もしくはその疑いがある場合には，速やかに当該機器を通信ネットワークから切り離して外部への流出やネットワーク上の他の機器への影響を最小限に抑えます。
ホームページの改ざん・誤開示	ホームページにおいて情報の改ざんや誤開示等が発生した場合には，原因が判明するまでホームページの公開を速やかに停止します。

(2) 事実確認

　上記のように個人情報の漏えいの事実が明確で，すぐに被害拡大の防止について対応がとれるケースばかりではありません。たとえば，顧客や取引先等，外部の第三者からの問合せや通報があった場合や，インターネットでの個人情報漏えいに関する書き込み等を発見した場合等については，まずは個人情報の漏えいが事実であるかどうかを確認したうえで，上記のような漏えいの経緯や，漏えいした情報の種類等が判明した段階で，それぞれに必要な対応をとることとなります。

　確認に際しては，以下の点について慎重に実施していきます。

　事実確認のポイント

- 報告者の混乱等により報告された情報に誤りがないか
- 事実の誤認がないか
- 事故や不正の隠蔽のために報告された情報が改ざんされていないか

　漏えいした情報の内容や件数については，その後の公表等に向けて，今後拡大する可能性はないか，拡大する可能性がある場合には最大でどの程度の範囲かまでを確認しておく必要があります。個人情報の漏えいのケースによっては，関係者が広い範囲におよび，かつ情報システム等との関係において，情報の種類やルートが複雑となる場合があり，情報の報告や確認において事実誤認等の混乱が生じる可能性もあるため，窓口を一元化して情報を集約することがポイントです。

(3) 対策チーム・対策本部の設置

　個人情報の漏えい事実またはそのおそれが確認された後は，事実確認や被害拡大を防止しながら，個人情報漏えいの規模や内容の重要性等に応じて，当該事案に対応する組織を検討しなければなりません。個人情報の管理責任者および所管部署従業員の数名での対策チームにて対応可能な場合もありま

図表Ⅲ-3-5　情報の種類に応じた二次被害の防止

漏えいした情報の種類	二次被害防止のための初期対応
決済に関連する情報	クレジットカード番号等の決済に関連する情報が漏えいした場合には、商品/サービスの購入等に悪用される可能性があるため、事実確認を行ったうえでクレジットカードの所有者に利用停止についての注意喚起を行うとともに各クレジットカード会社に通知します。
ログインID・パスワード	なんらかのサービスサイト等にログインするためのID・パスワードが漏えいした場合には、ログインされて更なる個人情報の流出や商品/サービスの購入への悪用等が行われる可能性があるため、当該IDの利用を停止します。
連絡先に関連する情報	住所や電話番号等といった連絡先に関する情報が漏えいした場合には、名簿業者等による売買により拡散し業者からの勧誘等に利用される可能性があるため、当該情報の所有者に注意喚起を行います。

図表Ⅲ-3-6　事実確認における情報の一元化

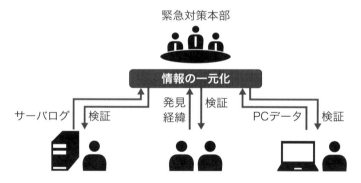

すが、事業者全体に影響を及ぼしたり、社会的に広く知られることになったりする場合には、事業者の長をトップとする緊急対策本部等を設置する必要があります。また、法的な対応が必要な場合には、顧問弁護士等にも加わってもらうこととなります。最近では、内部不正に基づく大規模な個人情報漏えい事件のような場合には、公正かつ透明性が高い原因究明が行われることを目的として、外部の有識者も加わって組成される委員会を別途設置する

ケースも少なくありません。なお，内部不正である，もしくは内部不正の可能性がある場合には，証拠隠滅等が行われないように初期段階では関係者をごく少数に絞り，内密に調査を実施することも重要です。

図表Ⅲ-3-7　緊急対策本部の構成例

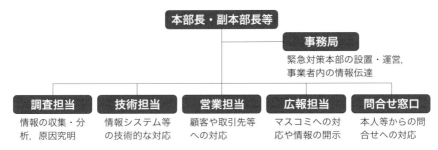

3-4　原因究明・再発防止

　初期対応にて，ある程度の事実が確認できて，それに対応するための体制が確保できた後は，本格的に原因を究明し，再発防止策を検討します。原因究明と再発防止は，確実かつ慎重に行う必要がありますが，一方で，個人情報漏えいの内容が，社会的に大きな影響を及ぼすような場合には，早期公表を行うために迅速な対応も同時に求められます。そのためには，事後対応手続の詳細な検討・周知徹底や外部の専門家との連携について，平時から継続的に対応しておくことが重要です。

（1）証拠の保全

　漏えいの経緯によっては，原因究明を適切に行うための手がかりとなる情報が失われてしまわないよう，証拠の保全が必要となります。特に内部不正が疑われる場合には，証拠を隠滅されないように速やかに対処する必要があります。証拠の保全としては，たとえば，情報システムのログや入退室の記録等について，定期メンテナンスや意図的な操作等により削除されないようにする，内部不正の疑いのある者の情報機器類を確保するなどが想定されます。

（2）原因の調査

　初期対応にて収集した情報漏えいに関する情報等から，以下のようなことを明確にするために調査を行います。

調査事項のポイント

- いつ，誰が，なんのために，どのような方法によって漏えいさせたか
- どのような内容の情報が，どのくらいの件数，どの程度の範囲に対して漏えいしたか

●情報漏えいの原因となった方法に対する防止策は，どのようになっていたか

漏えいの経緯によっては，失われたデータの復旧や膨大かつ複雑なアクセスログの解析等，高度な専門性や技術を必要とする場合があるため，必要に応じて情報漏えいの対応を行う専門業者に委託します。

なお，情報漏えいの発覚が内部通報によるものだった場合には，公益通報者保護法に基づき，通報者の秘密を守るため，通報者が特定されないよう調査の方法に十分に配慮することが必要です。また，調査中は，調査の進捗状況や調査結果は，できるかぎり速やかに通報者に対して通知するよう努めなければなりません。

(3) 再発防止

原因が明確になったら情報漏えいが再度発生することのないように再発防止策を検討します。再発防止策は，問題点を十分に理解したうえで，**図表Ⅲ-3-8**のような観点から検討すると効果的です。

また，情報漏えいを完全に防止することは困難であることから，情報漏えいは起こるものとの前提に立ち，以下のような早期発見や被害の軽減に関する対策についても見直す必要があります。

情報漏えいの早期発見,被害軽減に関する対策

- アクセスログ等の定期的な確認
- 情報セキュリティ関連の各種管理台帳の定期的な確認
- 情報漏えい時の緊急連絡や初動等の事後対応の周知徹底

特に情報漏えい発生時の事後対応については，実際はケースバイケースであり，平時にどれほど想像力豊かに手続を策定したとしても，実効性を高めることはむずかしい面があります。情報漏えいの発生は，むしろ事後対応を

見直す絶好の機会と捉え，事態が落ち着いた後で必ず振り返りを行い，改善につなげると非常に効果的です。

図表Ⅲ-3-8　再発防止策の検討

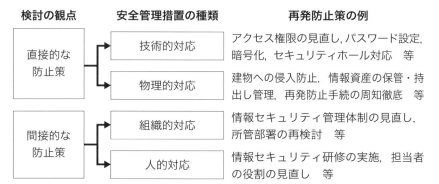

3-5 連絡・公表

　個人情報の漏えいに関する外部への連絡・公表・報告には，以下のようなものが想定されます。
- 漏えいした個人情報の本人への連絡・謝罪等
- ホームページへの情報開示やマスコミへの公表等
- 個人情報保護委員会や監督官庁等への報告

　これらは，必ずしも前述の初期対応や原因究明・再発防止が完了してから行うものではなく，むしろ個人情報漏えいが発覚した時点で，可能なかぎり迅速にお詫びとお知らせを行うことが理想的です。お詫びまでに時間がかかればかかるほど，事業者の誠意や態度について疑問視されてしまう可能性があるからです。原因や今後の対応が確定した後で対応できれば望ましいですが，漏えい事案の内容に応じて，外部の関係者の状況を敏感に察知して適時に対応していくことが重要です。

　本人への連絡や外部への公表等を行うかどうかは，法令等で報告が義務づけられているものを除き，事業者の判断によります。些細な事案であっても公明正大に必ず公表するという事業者もある一方で，社会的に影響を及ぼすような大規模漏えい事案であっても，イメージダウンを避けるべく，可能なかぎり外部には公表しない事業者もあるでしょう。一般的に考えれば，本人に対して謝罪するとともに二次被害に注意していただくように連絡することが望ましく，また，二次被害の防止や類似事案の発生回避等の観点から事実関係や再発防止策等を外部に公表することも重要と考えられます。

(1) 本人への連絡

　個人情報が漏えいした場合には，本人に漏えいの事実を連絡してお詫びするとともに，詐欺や迷惑行為などの被害にあわないよう注意喚起することが

重要です。連絡の方法は，対象者の数によって異なりますが，本人への個別の連絡においては，個人情報の漏えいが重大な事案であることに鑑み，メールだけでなくお詫びの文書を送るケースも多くみられます。

(2) 外部への公表

　個人情報漏えいが大規模であったり，社会への影響が大きかったりする場合には，関係者への迅速な通知や二次被害の注意喚起等を行うべく，事業者のホームページにて広く公表するケースが一般的です。また，必要に応じてマスコミ等への発表も行います。発表の方法については，記者会見，特定メディアへの個別取材対応，プレスリリースの配布等，状況に応じて判断する必要があります。マスコミからの取材が殺到した場合には，社内の窓口を一本化するとともに，個社別に対応することはできるかぎり回避し，事実が誤解されたり説明が不整合になったりしないよう慎重に対応することが重要です。一度マスコミにネガティブな印象をもたれてしまうと，次々とマイナスな報道をされる場合があり，世間からの批判により著しく社会的信用を失うといった事態につながってしまいます。これを防ぐためには，**図表Ⅲ-3-9**の3つのポイントが重要となります。

図表Ⅲ-3-9　外部公表におけるポイント

個人情報の漏えいにより一時的に大きなダメージを受けたとしても，迅速かつ誠実な対応を行うことにより，信頼を回復し逆にイメージアップにつながったケースもあります。

(3) 監督官庁等への報告

　個人情報が漏えいしてしまった際には，原則として個人情報保護委員会または認定個人情報保護団体に報告する必要があります。なお，分野別の個人情報保護ガイドライン等にて別途報告義務が定められている場合には，所管の監督官庁に対しても報告を行わなければなりません。さらにプライバシーマーク取得事業者であれば，認証登録機関に対しても定められた方法により報告する必要があります。また，漏えいした個人情報にマイナンバーが含まれていた場合には，別途個別の対応が求められますので注意が必要です。報告様式や報告すべき項目が各監督官庁や認証機関により定められている場合には，それに従うことになります。

4
マイナンバー対応

4-1 各取扱いの段階における実務上の対応

　マイナンバー法のガイドラインである「特定個人情報の適正な取扱いに関するガイドライン（事業者編）」（以下，ガイドラインという）では，特定個人情報等の具体的な取扱いを定める取扱規程の策定に際し，情報のライフサイクルに沿い，取得，利用，保存，提供，廃棄の5つの管理段階ごとに，取扱方法，責任者・担当者およびその任務を定め，組織的，人的，物理的，技術的安全管理措置を織り込むことが重要であるとしています（**図表Ⅲ-4-1**）。

　マイナンバー法およびガイドラインでは，以下の2点が規定されています。
　①マイナンバー法で定められた範囲外での利用禁止
　②マイナンバー法の固有の要求事項
　これらに加え，
　③各管理段階における一般的な情報管理策
の3点を踏まえ，各管理段階においてリスク，事象の観点から，実務上の対応策を検討していくことになります（③については，第Ⅲ部 **2** も参照）。
　各管理段階におけるマイナンバー取扱いの基本ルールは，**図表Ⅲ-4-2**の通りです。

図表Ⅲ-4-1　各管理段階におけるマイナンバー法・ガイドラインの規制

管理段階	ガイドラインの該当箇所	規制の内容（マイナンバー法の該当条文）
取得	第4-3-(1) 第4-3-(2) 第4-3-(3) 第4-3-(4)	個人番号の提供の要求（第14条） 個人番号の提供の求めの制限，特定個人情報の提供制限（第15条，第19条，第30条3項） 収集・保管制限（第20条） 本人確認（第16条）
利用	第4-1-(1) 第4-1-(2)	個人番号の利用制限（第9条，第30条3項） 特定個人情報ファイルの作成の制限（第29条）
保管	第4-3-(3)	収集・保管制限（第20条）
提供	第4-3-(2)	個人番号の提供の求めの制限，特定個人情報の提供制限（第15条，第19条，第30条3項）
廃棄	第4-3-(3)	収集・保管制限（第20条）

図表Ⅲ-4-2　マイナンバー取扱いのルール

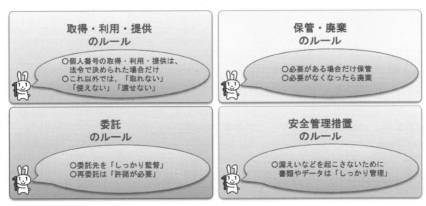

出所：個人情報保護委員会「個人番号の取扱い及び漏えい事案等が発生した場合の対応等（事業者向けリーフレット）」
https://www.ppc.go.jp/files/pdf/rouei_leaflet.pdf

　取得段階，利用段階，保管段階，廃棄段階におけるリスク・事象・対策（例）について，**図表Ⅲ-4-3**から**図表Ⅲ-4-6**に示します。

図表Ⅲ-4-3　取得段階におけるリスク・事象・対策（例）

リスク	事象	対策（例）
目的外の収集が行われる	会員証発行時の本人確認のため，マイナンバーカード（個人番号カード）の提示を受け，マイナンバーを書き控える	【組織的】 業務マニュアルを整備し，左記目的でマイナンバーを書き控えることの禁止を明文化 【人的】 マイナンバーに関する教育（法令で認められた目的以外の利用の禁止）
移送中・社内移動時の盗み見	移送中・社内移動時にマイナンバーが盗み見される	【物理的】 目隠しシールの利用 【技術的】 受入れ書類のスキャンイメージを閲覧する，イメージシステムにおけるマイナンバー部分のマスキング
移送時における紛失	移送時において紛失が発生し，送信者，受信者，配送業者のいずれも追跡ができない	【組織的】 配達記録，書留などを利用するようルール化する 【技術的】 マイナンバー収集専用アプリ等の撮影によりデータを送信し，移送をなくす
システム入力時に誤入力する	取得したマイナンバーを転記する際に誤入力する	【技術的】 ● マイナンバーに組み込まれている検査用数字（チェックデジット）の活用 ● OCR（光学式文字読取）によるマイナンバーの取込み
本人確認の方法を誤る，本人確認を怠る	身元確認を失念する，書類の組合せ等の手段を誤る	【組織的・人的】 ガイドラインに準じた方法を規程に定め，教育を行う

図表Ⅲ-4-4　利用段階におけるリスク・事象・対策（例）

リスク	事象	対策（例）
必要な事務手続以外で利用する	社員照会画面にマイナンバーが表示されており，マイナンバーで認められた事務以外の局面でマイナンバーを含む画面コピーを取得してしまう	【技術的】 システムのアクセス制御を行い，必要な業務以外ではマイナンバーを参照・表示できないようにする
社員IDにマイナンバーを利用	マイナンバーの数字を英字に置き換えたものを社員IDとして利用する	【人的】 換字したとしても実質的にはマイナンバーと変わりなく，そのような利用はできないことを教育により周知する
マイナンバー未入力のまま提出する	マイナンバーの提供に理解を得られず，未入力のまま提出する	【組織的】 従業員に理解を求め，督促の経緯を記録するよう規程に定める

4-1 各取扱いの段階における実務上の対応

図表Ⅲ-4-5 保管段階におけるリスク・事象・対策（例）

リスク	事象	対策（例）
マイナンバーを保管するサーバが盗難される	事務所荒らしにあった際に、サーバの持ち出しが行われ、保管していたマイナンバーが漏えいする	【物理的】 ● サーバのサーバラックへの収納、ワイヤー施錠 ● マイナンバーを取扱う情報システムを取扱う管理区域には、入退室管理および持ち込む機器の制限を行う
マイナンバーを含むファイルがランサムウェア※1の被害に遭う	バックアップが不適切で、ランサムウェアの被害にあった際に、データを復旧できない	【技術的】 ● 適切なバックアップの実施 ● マイナンバー業務を行う端末とインターネットや電子メールの閲覧を行う端末を分ける／仮想端末※2の利用

※1：外部の攻撃者により、データを勝手に暗号化され、もとに戻すためには身代金（ransom）を支払うよう脅迫されるネット上の脅威。適切なバックアップやインターネット業務に用いる端末を分離することが有効である。
※2：物理的に1台の端末で業務処理を行う場合に、インターネット業務を行うOSと、マイナンバー業務を行うOSとを仮想的に分け、インターネット業務で外部から攻撃を受けても、マイナンバー業務を行っているネットワークや情報資産への攻撃を防ぐ対策。

図表Ⅲ-4-6 廃棄段階におけるリスク・事象・対策（例）

リスク	事象	対策（例）
廃棄記録の失念、廃棄記録への対象マイナンバーの記録	マイナンバーの廃棄記録の失念、廃棄記録に対象マイナンバーを記録してしまう	【組織的】 マイナンバーの記録欄がない廃棄記録台帳を整備し、マニュアルに廃棄時の台帳への記録を明示・周知する
削除したマイナンバーが復元される	データ復元ソフトにより、削除したマイナンバーが復元されてしまう	【技術的】 専用のデータ削除ソフトウェアの利用または物理的な破壊等、マイナンバーを復元できないような手段を用いる
本人確認書類の漏えい	利用終了後の本人確認書類の廃棄ルールが不明確であったため、不要な本人確認書類が残留し、漏えいする	【組織的】 本人確認書類の取扱いルールを定め、利用終了後の本人確認書類は記録をつけ確実に廃棄する

4-2 人事労務業務における実務上のポイント

（1）従業員と扶養家族の変動

　従業員の入社，退職，出向・出向受入れ等のイベントや，従業員の子供の出生，家族の就職・退職，死亡等，従業員の扶養家族の変動にともない，事業者は対象となる従業員または家族のマイナンバーの取得や削除等が発生します（削除の場合は，法定保存期間経過後）。

　また，内定者については注意が必要です。内々定の段階では，確実に雇用されるか定かではないので，正式な内定通知がなされ，入社に関する誓約書を提出し，確実に雇用されることが予想された段階で，マイナンバーの提供を求めることができると考えられます。

（2）企業グループのグループ会社間の共同利用はできない

　グループ会社間で従業員の個人情報の共同利用が行われていることがありますが，マイナンバーは共同利用が認められていません。グループ共通の人事システムを構築している場合，ほかのグループ会社に閲覧できないよう，適切にアクセス制御を実施する必要があります。人事業務をシェアードサービスの子会社で行う場合には，その子会社と委託契約を締結することが必要です。

　グループ会社への出向の場合，出向先で改めてマイナンバーを取得するか，出向元が出向先から委託を受ける形で代行することになります。

（3）労災保険等申請時のマイナンバー提供

　労災保険の申請は，法律上，従業員が保険者（労働基準監督署）に直接提出することになっていますが，事実上事業者を経由し申請することもあります。

　その場合，事業者は個人番号関係事務実施者に該当しないため，マイナンバーが記載された申請書類の控えを保管することはできません。控えを保管する場合には，マイナンバーをマスキング等により削除する必要があります。

4-3 マイナンバーの漏えい等インシデントに係る実務対応のポイント

　マイナンバーも個人情報の1つですので，漏えい事案等が発覚した場合に講ずべき措置は，個人情報保護法と同様の対応（「第Ⅲ部3 漏えい時の実務対応」参照）が求められます。

　さらに，マイナンバーは漏えい時の影響が甚大であることから，マイナンバーの漏えいや利用制限違反等のマイナンバー法違反の際には，個人情報保護委員会または認定個人情報保護団体への報告が定められています。特に，重大事態またはそのおそれのある事案が発覚した場合には，確報に先立ち，個人情報保護委員会に第一報をすることも求められています。

　個人情報保護委員会等への報告を失念しないよう，自社のインシデント対応マニュアル等にマイナンバー漏えい時の報告を規定しておくことが考えられます。

図表Ⅲ-4-7　個人情報保護委員会への報告要領

○　重大事態又はそのおそれのある事案が発覚した時点で，直ちに個人情報保護委員会へ報告してください。（第一報）

　（注）「重大事態」とは，以下の場合を指します。
　　①　情報提供ネットワークシステム又は個人番号利用事務を処理する情報システムで管理される特定個人情報の漏えい等が起きた場合。
　　②　漏えい等した特定個人情報の本人の数が101人以上である場合
　　③　電磁的方法によって，不特定多数の人が閲覧できる状態となった場合
　　④　職員等（従業員等）が不正の目的で利用し，又は提供した場合

【報告の方法】
　重大事態又はそのおそれのある事案が発覚した場合は，FAXで報告してください。
　FAX：03－3593－7962

○　その後，事実関係や再発防止策等について，規則に基づき，個人情報保護委員会に報告することとなります。（規則第3条）

【報告の方法】
　委員会へ直接報告する事案が発生した場合は，郵送で報告してください。
　宛先：〒100－0013　東京都千代田区霞が関3－2－1
　　　　　　　　　　霞が関コモンゲート西館32階

注：FAX番号，報告の宛先は，2017年4月末現在。
出所：個人情報保護委員会「特定個人情報の漏えい事案等が発生した場合の報告について」

4-4 マイナンバーの取扱いにおける実務対応上のポイント（まとめ）

　まず，マイナンバーを取扱う事務の範囲，特定個人情報等の範囲，特定個人情報等を取扱う事務取扱担当者を明確化したうえで，想定されるマイナンバーの取扱事務をマイナンバーの取扱規程やマニュアルにおいて明確にすることが重要です。

　次に，安全管理措置を定期的に見直すことが重要です。特に技術的安全管理措置は，一時的な対応にとどまらず，時間の経過とともにリスクが変化する（たとえば，USB端子を利用した新たなファイル授受方法や情報システムサーバの新たな脆弱性の出現）を考慮し，内部監査やモニタリングなどによる"気付き"を与えることにより，継続して安全管理措置の実効性を確保することが可能となります。

　また，日常の業務でマイナンバーを取扱う，人事・総務部門等の事務取扱担当者向けに，定期的な教育・啓発を行うことも重要です。たとえば，取扱いの慣れによる意識低下を防ぐため，個人情報保護委員会で公表されているマイナンバーに関するヒヤリハット事例を交えるなどして，従業員にマイナンバーを取扱っているという意識づけを行うことがあげられます。また，教育は，一方向ではなく，受講者から社内業務におけるヒヤリハットを考えさせるなど，双方向とすることが意識づけには重要です。

　マイナンバー制度は，運用開始から日が浅く，利用分野の拡大にともなう制度対応が今後も見込まれますが，まずは，社内に盤石な管理態勢を構築することが重要です。構築にあたっては，内閣府や個人情報保護委員会等から公表されている情報を活用し，判断に迷う場合は，さまざまな会社・業界の知見がある外部専門家に相談することも有効です。

第 IV 部

ケーススタディ

1
国内企業のケース

1-1 要配慮個人情報の取得と提供
―健康相談事業を行うA社の場合―

(1) 会社の概要
　A社は，民間企業向けに従業員の健康サポートサービスを展開する事業者です。A社が運営するコールセンタで，契約企業の従業員からの健康相談を受け付けています。

(2) 個人情報保護に関する現状・課題
　コールセンタでは，健康相談を受け付ける際，相談者の所属企業，氏名および健康状態に関する各種情報についてヒアリングします。ヒアリングした内容は，A社が契約する専門医や，契約企業の産業医へ適宜情報連携を実施しています。個人情報保護法において病歴や健康診断結果等は，取扱いに特別な配慮を要するものとして定義された要配慮個人情報に含まれます。要配慮個人情報は，取得時に事前の同意が必須であり，さらに第三者への提供時にはオプトアウト方式（第Ⅰ部 **1-7** 参照）による提供は禁止されています。A社では，自社の事業においてこのような個人情報保護法の規制がどのように影響するか検討が必要だ，という結論に至りました。なお，A社ではコンプライアンス担当部門が中心となり，コールセンタ部門と連携して検討にあたりました。

(3) 課題に対する論点の整理
- コールセンタが取り扱う情報のうち，なにが要配慮個人情報に該当するのか
- 要配慮個人情報の第三者提供を行っているか

(4) 課題に対する取組み・対処
　まず，A社ではコールセンタの業務フローを整理して，個人情報の取得と

1-1　要配慮個人情報の取得と提供

図表Ⅳ-1-1　コールセンタの業務フロー

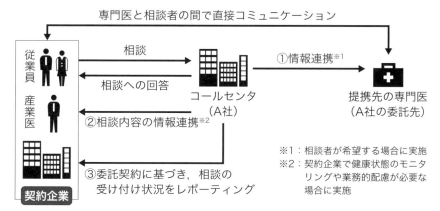

※1：相談者が希望する場合に実施
※2：契約企業で健康状態のモニタリングや業務的配慮が必要な場合に実施

提供の状況を整理することにしました。コールセンタの管理者による現状確認の結果は以下のとおりです（**図表Ⅳ-1-1** 参照）。

- 個人情報の取得……健康相談を受け付けた際に，コールセンタ担当者が相談者からヒアリングし，コールセンタシステムの対話記録にヒアリングした内容を入力する
- 個人情報の提供……提携先の専門医に連携する場合（業務フローの①），産業医に連携する場合（業務フローの②），契約企業へのサービス実施状況報告（業務フローの③）の3通り

次に，取得している個人情報の内容と，取得することへの同意の有無について整理しました（**図表Ⅳ-1-2** 参照）。

整理した結果，コールセンタでは病歴や健康診断の結果（各種数値）等が要配慮個人情報に該当し，取得にあたっての同意が必要なことが判明しました。現状では明示的な同意取得がないものの，サービス内容を理解したうえで相談してきた本人から情報を得ていることから，個人情報保護法ガイドライン通則編（平成28年11月，個人情報保護委員会）に基づき，同意は取得できていると結論づけました。

図表IV-1-2　個人情報の取得に関する現状

取得する情報 （下線＋太字は要配慮個人情報に相当すると考えられる情報）	同意の取得状況	対応の要否
（必ず取得する情報） 所属事業者，従業員番号，氏名，性別，年齢	明示的な同意は取得なし。	情報の提供は本人から行われており，実質的に同意は取得されているものと考えられる。
（相談内容に応じて取得する情報） 生活習慣，勤務状況，**症状，病歴，通院・服薬状況，健康診断に関する情報（各種数値等）**，他		
（上記に加えて専門医に連携（図表IV-1-1の①の矢印）するにあたり取得する情報） 電話番号 ※産業医への提供に際して個別の情報取得は行わない		

図表IV-1-3　個人情報の提供に関する現状

提供先	提供する情報	要配慮個人情報の提供	同意の取得状況
専門医 （図表IV-1-1の①）	氏名，性別，年齢，相談を受けて収集した情報	あり	口頭で個人情報の提供を行う旨を案内するよう，マニュアルに記載している。
産業医 （図表IV-1-1の②）	従業員番号，氏名，性別，年齢，相談を受けて収集した情報		
契約企業 （図表IV-1-1の③）	一月あたりの利用者数，利用者の年齢層，相談の種類等を統計情報にして提供	なし	取得していない。

最後に，提供している個人情報と，提供に関する同意の有無について整理しました（**図表IV-1-3** 参照）。

その結果，契約企業への情報提供については，個人情報を含まない統計情報のみの提供であることから，特段の同意取得は必要ないことが判明しました。それ以外のケースについてコールセンタ担当者向けの業務マニュアルとコールセンタシステムの対話記録への記入状況を参照し，提携先の専門医および産業医への個人情報の提供の際に行う相談者への通知内容と，相談者から同意を取得した旨の記録の作成状況を確認したところ，以下のような取扱

いとなっていることが判明しました。

〈A社の業務マニュアルに記載されている事項の概要〉

(提携先の専門医への提供時における通知内容)
以下について，相談者に通知し，確認する。
- 専門医への相談サービスは，当サービスと連携した別サービスとなること
- 専門医への相談サービスの利用にあたり，提携先の専門医に今回の相談内容を提供することについて同意するか

(産業医への提供時における通知内容)
以下について，相談者に通知し，確認する。
- 所属する契約企業の産業医に今回の相談内容を提供することについて同意するか

(提供に係る相談者の同意の記録)
なし（特に記載が必要である旨を明記していない）。

(提供を拒否された場合の対応)
- （産業医の場合）相談者が情報提供に同意しなかった場合は，従業員番号と氏名のみ提供するか相談者が産業医に直接相談するかを相談者が自ら選択する

　上記をふまえ検討した結果，A社では現状でも相談者に対して情報の提供を行う旨を伝えており，一定の対応が行えているとしながらも，下の2点を改善すべき課題とし，対応方法を検討しました。

〈課題〉

- コールセンタの担当者は，相談者との対話内容をコールセンタの対話記録システムに入力しているものの，情報提供に関する同意の有無について詳細に記録していないケースが多々あり，提供に関する同意取得（特に産業医）が適切に行われているかどうかを確認できない

- （特に産業医への提供の場合）相談を通じて得たすべての情報が提供の対象となることを明確に通知できていない

〈改善事項〉

- 提携先の専門医および契約企業の産業医に個人情報の提供を行う場合，本人から同意を取得したことを，コールセンタシステムの対話記録に残すよう，マニュアルを改訂する
- 提携先の専門医又は産業医への提供の際の通知事項に，「相談を通じて取得したすべての情報が提供の対象となる」ことを追加する

(5) まとめ・今後の課題

　A社では，自社サービスにおける要配慮個人情報の取扱状況を確認，整理した結果，一定の対応はできているものの，改善すべき事項があるという結論になりました。A社では，今後，個人情報の不適切な取扱いによる事故の防止や従業員の意識向上のため，すべてのコールセンタ勤務者に対して個人情報保護法の内容，および今回の対応内容について教育研修と理解度テストの実施を行う予定です。

ポイントの整理

- 取得する情報を整理し，要配慮個人情報の有無を明確にする
- 取り扱う要配慮個人情報の取得，提供に関する業務フローを整理し，個人情報保護法上求められている対応の要否および対応方法を検討する

1-2 匿名加工情報の作成と管理について
―インターネットサービス事業者 B 社の場合―

(1) 会社の概要
　B 社は，Web 上での飲食店の予約受付サービス，賃貸情報・不動産販売情報の検索および問い合わせ受付サービス等，多数のサービスを展開しているインターネット事業者です。

(2) 個人情報保護に関する現状・課題
　B 社では，飲食店舗への予約や不動産業者への問い合わせ等，ユーザの利用履歴についてサービスごとに記録しています。現在，この利用履歴情報を匿名加工して，マーケティング用に販売することを検討しています。個人情報保護法では，個人を特定できないように加工した情報である匿名加工情報（第Ⅰ部 **2-3** を参照）については，作成および提供を行うにあたっての事業者の義務が定められているため，どのように対応すべきかについて検討しています。なお，本件の検討にあたり，B 社ではコンプライアンス担当部門，マーケティング部門，法務部門等で構成される検討チームを立ち上げました。

(3) 課題に対する論点の整理
- 匿名加工情報を誰が作成し，誰が管理するか
- 加工方法に関する情報をどのように管理すべきか
- 適切に加工されていることを，どのように確認するか

(4) 課題に対する取組み・対処
①匿名加工情報を誰が作成し，誰が管理するか
　B 社では，提供するサービスごとに部署が分かれており，各部でそれぞれサービス開発を行っています。匿名加工情報の作成を行うにあたり，検討

図表Ⅳ-1-4　匿名加工情報の取扱に関与する組織

部門	役割
コンプライアンス担当部門	●匿名加工情報の取扱に係る規定および手順の策定 ●担当者への定期的な教育に係る企画および実施 ●社内で取扱う匿名加工情報の作成状況，提供状況等の一元管理，匿名加工情報の作成に関する承認 ●法令に基づく公表事項等の管理および公表の実施 ●漏えい時の対応
サービス開発部門	●匿名加工情報の作成
内部監査担当部門	●匿名加工情報の取扱状況に関する定期的なモニタリング

チームでは，まず加工方法に関するノウハウの集約という観点から，専任で匿名加工を行う部署や担当者を設置することを検討しました。しかしながら，専任の部署や担当者を設置するほど，頻繁に匿名加工情報を作成する見通しがないこと，また元となる個人データの全体像を把握しているのはサービスを開発する部門であることから，加工作業はそれぞれのサービス開発部門が行うこととしました。ただし，部門間で取り扱いにばらつきがでないよう，個人情報保護の主管部署であるコンプライアンス担当部門を匿名加工情報の統括管理部門とし，その結果，匿名加工情報を取り扱うための組織体制を図表Ⅳ-1-4のとおりとしました。

②加工方法等情報の管理

匿名加工情報の管理およびその加工方法を適切に行うため，匿名加工情報の作成作業は，コンプライアンス担当部門のあるフロアに設置された専用PCにて行うこととしました。加工方法等に関する情報は，そのすべてを保護するのではなく，漏えいした場合に個人情報を復元することが可能な情報（加工方法等情報）のみを保護の対象とすることとし，匿名加工情報とあわせて，図表Ⅳ-1-5のような方法で管理することとしました。

B社で行う加工方法等情報に関する安全管理措置を法令での要求事項ごとにまとめると，図表Ⅳ-1-6のようになります。

1-2 匿名加工情報の作成と管理について

図表Ⅳ-1-5　匿名加工情報と加工方法に関する情報の管理方法

情報の種類	管理方法
匿名加工情報	社内サーバのコンプライアンス担当部門の管理エリアで保管
アクセス管理が不要な加工情報※	匿名加工情報に同じ
アクセス管理が必要な加工情報※	所定のコンプライアンス担当部門の一部の担当者と専用PCのみアクセス可能なエリアでパスワードをかけて保管

※下の表を参照

加工情報の種類	例
個人情報を復元できる情報（保護が必要な加工方法等情報）	● データを一定の法則で変換した場合の，変換アルゴリズム
個人情報を復元できない情報(保護は不要)	● 住所情報から番地以降を削除した ● 年齢を10歳きざみに変更した

図表Ⅳ-1-6　法令の要求事項とB社の対応の対応表

講じなければならない措置	B社が行う対応策
加工方法等情報を取り扱う者の権限および責任者の権限の明確化	● コンプライアンス担当部門を主管とする組織体制の整備
加工方法等情報の取扱いに関する規程類の整備および当該規程類に従った加工方法等情報の適切な取扱いならびに加工方法等情報の取扱状況の評価およびその結果に基づき改善を図るために必要な措置の実施	● (4)①②で定めた内容について，規程および手順を整備 ● 内部監査担当部門による定期的な内部監査の実施と，結果を受けた改善の実施 ● コンプライアンス担当部門による定期的な担当者向け教育・研修の実施
加工方法等情報を取り扱う正当な権限を有しない者による加工方法等情報の取扱いを防止するために必要かつ適切な措置	● コンプライアンス担当部門が許可した担当者による専用PCでの作業実施 ● 加工方法等情報は，作成元データおよび匿名加工情報と分離して専用PCおよびコンプライアンス担当部門のみアクセス可能なエリアでパスワードをかけて保管

③適切に加工されていることをどのように確認するか

　最後に，匿名加工情報から個人が特定されることがないように，匿名加工情報を作成する際の加工方法が適切であったかを評価するための方法として，**図表Ⅳ-1-7**の項目を含むチェックリストを作成し，コンプライアンス担当部

図表Ⅳ-1-7　コンプライアンス担当部門が行うチェック項目

No.	チェック項目
1	単独で個人を識別できるデータは残されていないか
2	単独では個人を特定できないものの，匿名加工情報内のほかのデータとあわせると個人を識別できるようなデータについて，データの置き換えや一般化等の対応が取られているか（例：性別，年齢，郵便番号，住所，家族構成，職業，年収等）
3	作成した匿名加工情報から任意の数件のデータをピックアップし，元データを特定できないこと，行動履歴に該当する情報（例：申込履歴，予約履歴，購買履歴）について，詳細情報の削除，個人を特定できるような稀な事例の削除等の対応が取られていることを確認する

図表Ⅳ-1-8　匿名加工情報の作成から提供までの手順

対応フェーズ	作業内容 （太字は匿名加工情報取扱事業者においても行うべき事項）
申請時	● 各部門は匿名加工情報を作成する際には，匿名加工情報作成申請書を作成し，コンプライアンス担当部門に提出する ● コンプライアンス担当部門は，内容を確認したうえで，承認する （申請時に提出する情報） ● 匿名加工情報を作成する目的 ● 元となる個人データに含まれる各項目とデータの内容・匿名加工情報を作成する方法 ● 作成を担当する部門，担当者
作成時	● 作成担当者は，コンプライアンス担当部門が用意した専用PCで匿名加工情報を作成する ● 作成元データは，コンプライアンス担当部門が事前に作成担当者より受取り，専用PCに配置する ● 作業は専用PCで行い，PCおよびデータの持出しは行わない
完了時	● 作成担当者は，コンプライアンス担当部門に作業完了を報告する ● コンプライアンス担当部門は，作成した匿名加工情報をチェックリストに基づき確認する ● 作成した匿名加工情報，作成手順およびデータ変換等に使用したプログラムは，コンプライアンス担当部門が**(4)**②の内容に基づき，**匿名加工情報から個人情報を復元できないよう，管理・保管する** ● コンプライアンス担当部門は，ホームページに匿名加工情報を作成した旨および含まれる情報の項目について掲載する（初回のみ）
提供時	● 外部から匿名加工情報の提供依頼を受けた部門は，匿名加工情報提供申請書を作成し，コンプライアンス担当部門に提出する ● コンプライアンス担当部門は，部門からの申請を受けて，保管している匿名加工情報を申請部門に引き渡しする ● **コンプライアンス担当部門は，匿名加工情報の提供を行う旨，含まれる情報の項目，提供方法等をホームページに掲載する**

門の担当者が，完成した匿名加工情報の受取り時にチェックすることにしました。

　①②③の対応を踏まえ，匿名加工情報の作成から提供までの手順の概要は**図表Ⅳ-1-8**のとおりとしました。なお，B社は個人情報保護法における個人情報取扱事業者ですが，匿名加工情報の作成および提供を行うことにより，匿名加工情報取扱事業者としての義務があわせて課されることになります。

（5）まとめ・今後の課題

　B社では，さまざまなインターネットサービスを展開している事業の特性上，サービスごとに匿名加工情報を作成するため，組織を匿名加工情報に関する事項を管理する部門と，作成する現場部門に分けた体制を整備し，それを前提とした安全管理手順を構築しました。今後，B社のビジネスにおいて匿名加工情報のニーズが高まり，より高度な匿名化が必要になってきた場合には，専任チームの設置ないし外部の専門業者の活用も検討することにしています。

ポイントの整理

- 匿名加工情報の提供が情報漏えいにつながらないよう，加工作業および加工方法を確実に管理する
- 匿名加工情報の作成が適切に行われていることを，作成部門以外の部門が確認することで，チェック機能を強化する

1-3 第三者提供の確認・記録義務への対応
—イベント事業者 C 社の場合—

(1) 会社の概要
C 社は，国内において，さまざまな業種のサービス展示会やセミナー等といったイベントを開催し，来場者（展示会の入場者やセミナー受講者）の個人情報を取得，利用している事業者です。

(2) 個人情報保護に関する現状・課題
C 社は，イベントの開催を通じて取得した個人情報について，イベントの協賛事業者に来場者アンケートの情報を提供する，展示会等のイベントを開催した場合には出展事業者に対してブース来場者の情報を提供する，イベントを共催した事業者間で相互に受け付けた来場者情報を共有する，などの第三者提供を行っています。個人情報保護法では，個人データを第三者に提供する場合には，本人からの事前同意の取得に加えて第三者提供の確認・記録義務が定められているため（第Ⅰ部 **2-4** 参照），どのように対応していくか，検討を始めようとしています。

(3) 課題に対する論点の整理
- 第三者提供に係る記録の作成方法
- 第三者提供に係る記録は誰が作成し，保管するか

(4) 課題に対する取組み・対処
最初に，C 社はイベント・セミナー開催業務で行う個人データの授受のうち，どれが第三者提供に該当するかを把握するため，個人データの取得と提供に関するフローを整理しました。結果は**図表Ⅳ-1-9** のとおりです。

その他，提供にあたってはすべて来場者からの事前同意を得たうえで行っており，オプトアウト（第Ⅰ部 **1-7** 参照）には該当しないこと，提供はすべ

図表Ⅳ-1-9　C社の個人情報の取得・提供フロー

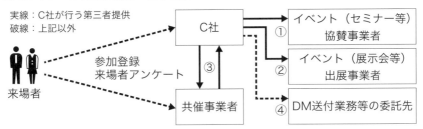

① 協賛企業での商品・サービスの案内，プロモーションのためのマーケティング用元データとして，来場者の情報およびアンケート回答結果を提供
② イベントの事前アンケートで，ブースに訪れた来場者の情報を提供
③ 参加登録した来場者の情報を相互に提供
④ イベント参加証の送付，次回イベントの案内を送付するため，委託契約に基づき，送付先情報を提供

て電子データで行っていることが確認できました。また，フローの④については委託契約に基づく個人情報の提供であることから，第三者提供に係る確認・記録義務の対象外であること，フローの①②③は確認・記録義務の対象となる第三者提供であることも確認できました。なお，③については提供，受領ともに確認，記録義務の対象となることが判明しています。

　次にC社では，フローの①②③について，法の要求事項と協賛事業者，出展事業者，共催事業者それぞれとの契約関連書類（契約書，および契約前の審査書類）の記載内容を突合し，現状確認を実施しました。

　確認の結果，**図表Ⅳ-1-10**のとおり多くの事項について対応できているものの，一部は新たに記録を残す必要があることがわかりました。C社は，契約書に記録としての要件を満たす事項が記載できれば，別途記録を作成する手間が省けることから，①②③でそれが可能であるかを検討しました。

　まず，①②については，図表の記載のとおり，「（記録義務2）提供するデータに含まれる本人を特定するに足る事項」を契約書に記載するのは難しく，別途記録を作成する必要がある，と結論づけたうえで，記録の内容と記録の作成，保管手順を検討することにしました。

図表Ⅳ-1-10　確認・記録義務に対する現在の対応状況

		業務フローの①②③の現状			
		①	②	③	備考
対応を要する事項	（確認義務1）法人名，住所，代表者の氏名	不要	不要	○	①②はC社が提供側であるため不要 契約締結前の審査にて確認し，契約書上に記録がある
	（確認義務2）第三者による個人データ取得の経緯	不要	不要	○	①②はC社が提供側であるため不要 ③は共催事業者との契約上明らかと考えられる
	（確認義務3）法の遵守状況	不要	不要	○	①②はC社が提供側であるため不要 契約締結前の審査にて確認しており，審査記録がある
	（記録義務1）提供する第三者の氏名の記録	○	○	○	契約書上に記載がある
	（記録義務2）提供するデータに含まれる本人を特定するに足る事項	×	×	○	①②は，アンケートの記載内容，ブースへの来訪の有無により変化するため，契約上特定できない ③は「××月○○日の全イベント来場者の情報を双方で保持する」といった文言があるため，この情報で個人を特定できる
	（記録義務3）提供する個人データの項目	×	×	×	記録なし（要対応）
	（記録義務4）同意の有無の記録	○	○	○	来場者情報，アンケート情報が保管されたデータベースに，同意の有無に関する項目を設けて記録している

　記録を作成するにあたり，「（記録義務3）提供する個人データの項目」については単純に列挙すればよいものの，「（記録義務2）提供するデータに含まれる本人を特定するに足る事項」についてどのように対応するか，次の2つの方法を検討しました。

1-3 第三者提供の確認・記録義務への対応

〈案1〉

> 提供した電子データのコピーを，毎回必ず所定の場所に保管することで，記録に代える。

〈案2〉

> C社では，イベントごとに来場者に対して固有のIDを付与しているため，第三者提供の都度，対象となった個人IDの一覧を記録する。

　検討の結果，案1については，記録の内容としては十分であるものの，コピーして保管しているデータについても相応の安全管理が必要となることから，情報漏えいのリスクを考慮して採用しないこととしました。案2の方法であれば，IDの一覧のみを記録しておけばよく，IDの情報があれば個人の特定も容易となり記録としても十分であることから，案2の方法を採用しました。

　以上を踏まえ，C社では①②については**図表Ⅳ-1-11**のような表を作成し，提供を実施した担当者が，その都度記録表に記入を行い，直属の上司が記録状況を月に1回，確認する運用を定めました。

図表Ⅳ-1-11　記録表のイメージ

20XX年1月〜12月				
イベント名 開催日時	提供先社名	契約書番号	提供した項目	IDリストの名前[※]

※IDの一覧はリストにして，記録表と同じフォルダに保存する。

次に、③については、「(記録義務3) 提供する個人データの項目」の要件に対応するため、提供する個人データの項目について追記するよう契約書のひな形を変更し、すでに契約済みの共催事業者とはその旨の覚書を追加で取り交わす方針としました。

最後に、C社は各種記録の保管期間および保管する部門を整理し、**図表Ⅳ-1-12**の表のとおりとしました。

ここまでの検討結果を受けて、C社では第三者提供を行う際のマニュアルの作成および関連する規程の改訂を実施し、関係する各部門に対して周知しました。

図表Ⅳ-1-12　記録の保管期間と保管場所

記録の種類	保管期間（最低期間）	保管場所
契約関連書類	契約終了後1年	契約管理担当部門
共催先との覚書	契約終了後1年	契約管理担当部門
記録表	1年単位で記録表を作成し、記録終了後3年	イベント開催事業を行う事業部
個人が同意した記録	イベント終了後3年	来場者情報、アンケート情報のデータベースに保管

(5) まとめ・今後の課題

C社では、第三者提供時の確認・記録義務に対応するにあたり、記録を作成する担当者にとっては負担増となるため、できるだけ簡易な方法で、必要な記録を作成するという判断をしています。C社が今回整備した手続きが有効に機能し、適切に記録を作成することができれば、C社の第三者提供先である協賛事業者、出展事業者が作成すべき記録をC社でも代行できるようになると考えており、今後の営業活動のなかで、記録の作成をC社で代行することをアピールしていくことも検討しています。

ポイントの整理

- 自社以外への個人データの提供が，個人情報保護法に定める第三者提供に該当するかを明確にする（業務委託や共同利用に該当しないかどうか）
- 個人情報保護法が要求する確認・記録事項について，現状の契約等においてすでに実施できている事項，できていない事項を洗い出し，できるかぎり現場に作業負荷をかけることのない効率的な記録方法について検討する

1-4 外国にある第三者への提供
―ポイントカード事業者D社の場合―

(1) 会社の概要
　D社は，スーパー，ショッピングモール等の小売事業をはじめ各種事業を展開する企業グループのなかで，ポイントカードの管理業務を行っている事業者です。グループ会社が展開する，国内外の店舗で利用できるポイントカードを通じて，顧客の情報および購買履歴の収集を行っています。D社が収集した情報を使用して，同じグループ内の別会社がマーケティングを行い，グループ会社が提供する各種サービスについて，さまざまなプロモーション活動を実施しています。

(2) 個人情報保護に関する現状・課題
　D社は，所属するグループ会社がこのたびアジア地域に新会社（以下，Z社という）を設立し，アジア地域顧客向けのマーケティング事業を運営するにあたり，Z社とD社との間で顧客データを共同利用することを予定しています。この場合，Z社は日本のD社にとって外国企業であり，顧客データは国境を越えて移送・送信が行われることになります。日本の個人情報保護法では，海外のグループ企業との共同利用に関しては「外国にある第三者への提供」に該当し，原則として事前に本人の同意を得なければならない旨を定めていることから，D社の法務部門は，法対応の検討を開始しました。

(3) 課題に対する論点の整理
- 外国にある第三者への提供についての本人同意の取得方法としてどのような方法が考えられるか
- 本人から同意を取得することが困難である場合，どのような対応を行うべきか

1-4 外国にある第三者への提供

図表Ⅳ-1-13　Z社設立後の個人情報の利用フロー（イメージ）

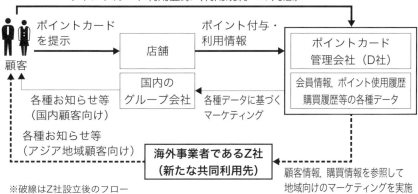

※破線はZ社設立後のフロー

（4）課題に対する取組み・対処

　法務部門は，当初，ポイントカードサービスの利用規約のなかに，「外国にある第三者への個人情報の提供を行うことがある」旨を追記することで対応しようとしましたが，この方法には次の問題点があることがわかりました。

〈問題点〉

> 　本人から同意を取得するにあたって提示すべき情報として，ガイドラインのQ&A（2017年2月16日，個人情報保護委員会公表）では「提供先の国または地域を特定する」「本人が提供先の国名を特定できる」等の例示がなされていることから，提供先を単に"外国"とするだけでは不十分とみなされるおそれがある。国名等を特定する場合，今後共同利用先企業がZ社以外に増えるたびに，規約を改訂しなければならない。

　こうした検討結果を踏まえ，法務部門では，利用者から個別に同意を取るのではなく，個人情報保護法第24条の例外規定に従い，Z社が国内の個人情報取扱事業者と同等の措置を講じている体制を整備する，という対応を図る

ことで本人同意を不要とすることとしました。具体的には，以下の表のように現在グループ企業間で適用している，顧客の個人データの共同利用に関する内規を改訂し，国外に所在するグループ会社（今回はZ社）が行うべき義務を追加で定めることにしました。

〈現在の内規で既に定めている事項〉

- 共同して利用する個人データの項目（氏名，住所，年齢……）
- 共同して利用する者の範囲（D社およびD社のグループ会社）
- 共同して利用するデータのすべての利用目的
- 共同利用するデータの管理はD社が行う
- 共同利用する個人データは個人情報保護法のガイドラインに基づき安全管理措置を実施すること
- 目的外の加工，利用，複写，複製等の禁止
- 共同利用終了後はただちに返還，消去すること
- 本内規が遵守されなかった場合，共同利用を終了し，違反した事業者はただちに個人データを返還，消去すること
- 共同利用する個人データに関する事件・事故が発生した場合の報告・連絡に関する事項

〈追加する条文の内容〉

（法で要求する事項への対応に関する定め）
- 共同利用する個人データの正確性を確保すること（法第19条）
- 少なくとも年1回，個人情報の取扱について自己点検および内部監査を行うこと（法第20条）
- 従業員に個人情報保護に関する教育・研修を定期的に行うこと（法第21条）
- 共同利用する情報を取扱う業務を委託する場合，本内規と同等の安全管理措置を行うことを契約上定めること（法第22条）
- 外国の事業者への第三者提供を行う可能性がある場合，D社の承諾を得ることおよびD社は当該提供予定の外国の事業者が国内の個人情報取扱事業者と同等の措置を継続的に講じていることが確認できる場合を除き，承認をしてはなら

ないこと（法第24条）

（内規が適切に遵守されていることをD社が確認するための定め）
- 共同利用を行う会社は，D社の求めに応じて個人情報の取扱状況について報告を行うこと
- 共同利用を行う会社は，D社の求めに応じて個人情報の取扱状況についてD社の立ち入り検査を受けること

　以上の結果を受けて，法務部門は，内規を改訂し，グループ各社に周知しました。

（5）まとめ・今後の課題

　D社では，顧客からの個別の同意取得ではなく，提供先であるZ社が必要な措置を講じるよう，体制を整備する方法を選択し，グループ企業間で適用している個人データの共同利用に関する内規を一部修正しました。D社では，次の課題として，改訂した個人データの共同利用に関する内規で取り決めた事項の遵守状況について，なんらかの方法（D社から共同利用先に調査書を送付して回答を取得する，第三者評価を実施するなど）で確認することを検討する必要があると考えています。

ポイントの整理

- 外国にある第三者への提供において，本人から同意を取得すること，または個人情報保護法第24条の例外規定を適用することのいずれの対応を選択するのが合理的かを検討する
- 個人情報保護法第24条の例外規定を適用することによる対応を選択した場合，法が求める「個人情報取扱事業者が講ずべき措置に相当する措置を継続的に講ずるために必要な体制の整備」という要件を充足するために，どのような対応を行う必要があるかについて，法の要求事項ごとに個別に検討する

1-5 マイナンバー対応
―モニタリング体制の構築に取り組むE社の場合―

（1）会社の概要

E社は，ディスカウントストアを展開する小売業です。近年は駅前の小型店の出店に注力しており，現在は全国に約300店舗を有しています。

（2）マイナンバーの取扱いに関する現状

同社は，アルバイトを含む全従業員データを人事システムで管理しています。アルバイトの採用については，各店長の裁量に委ねられています。

各店舗で採用したアルバイトは，初出勤日に，マイナンバー確認書類，身元確認書類（以下，マイナンバー確認書類等という）の写しを採用された店舗に持参し，提出します。これを受けて，各店舗の店長または正社員がマイナンバーを含む個人情報（氏名，住所，生年月日，連絡先，銀行口座等）を人事システムへ入力し，採用に係る書類一式（履歴書，マイナンバー確認書類等）を本社の人事部門に送付しています。

店舗向けには，アルバイトの面接・採用マニュアルはありますが，マイナンバーの取扱いマニュアルは本社人事部門の業務のみを対象とした記載となっています。そのため，店舗によっては，履歴書以外にも，マイナンバー確認書類等の写しを店舗控えとして保管している店舗もあり，その保管方法もまちまちです。また，本社人事部門への書類送付方法も授受の記録が残らない通常の社内便で送付する店舗もあれば，授受の記録が残る書留便で送付する店舗もあるなど，取扱いは店舗により異なっています。

アルバイトは学生が中心であることもあり，入れ替わりが激しく，その分，マイナンバー確認書類等の受渡しを行う店長または正社員の負担が大きく，店舗運営に支障が生じかねない状況です。

実際，小型店では，正社員は店長のみの店舗もあり，業務過多から書類管

理がおろそかになりがちで，先日，ある店舗においてマイナンバーの通知カードの写しが，一時所在不明となる事象が発生しました。店舗から本社人事部門への移送を，記録の残らない社内便で行っていたため，店舗および本社人事部門，あるいは配送途中のどこで紛失が起きたのかわからず，店舗と本社人事部門両方での捜索の末，店舗でFAX書類の束のなかから発見されました。

　自己点検については，本社の管理部門が作成した自己点検チェックシートには，顧客情報管理の項目はあるものの，従業員情報であるマイナンバーの取扱いに関してまでは追いついていないのが現状です。
　また，本社の監査部門も，小売業としての性質上，取引業者との癒着や資産横領等の内部不正，顧客満足を中心とした監査テーマとならざるを得ず，監査対象となる店舗数が多いなかにあって，マイナンバーをテーマとした店舗監査を実施するリソースがなく，そもそも監査実施ノウハウも持ち合わせていないのが実態です。同様の事情から，マイナンバーを管理する人事システムに対するシステム監査も未実施です。

(3) 課題に対する論点の整理

- 店舗におけるマイナンバーの取扱いマニュアルが策定されておらず，店舗で保管してよい人事書類の範囲が不明確である
- 小型店では，正社員が店長1人のみの店舗があり，マイナンバーの収集・管理業務が負荷となっている
- 本社の管理部門では，小売業であることから顧客情報保護が中心とならざるを得ず，従業員情報の保護まで手が回らず，自己点検チェックシートが整備されていない
- 本社の監査部門では，リソースやノウハウがなく，マイナンバーの取扱いに関する監査やマイナンバーを管理する情報システムへのシステム監査が未実施である

(4) 課題に対する取組み・対処

通知カードの写しが一時所在不明となった事象を受けて，外部のコンサルティング会社に助言を求め，原因分析と再発防止策を**図表Ⅳ-1-14**のとおり整理しました。

(5) まとめ・今後の課題

コンサルティング会社の助言を参考に，規程・マニュアル・設備等を整備するとともに，予算や人的リソースを確保し，運用面も強化していくことが今後の課題です。

図表Ⅳ-1-14　原因分析と再発防止策のまとめ表

#	現状	原因	再発防止策
1	店舗のマイナンバー取扱事務手続が明確になっていない	「マイナンバー取扱マニュアル」は作成されていたが，本社人事部門向けで，店舗での実務はカバーされていなかった	● 店舗でのマイナンバー取扱事務を同マニュアルへ追記，および店舗への周知 ● 店舗でのマイナンバー確認書類等（写し）の残留点検，シュレッダー廃棄，および廃棄時の台帳への廃棄記録の指示〈マニュアル追記事項〉 ● 本人確認事務を本社人事部門が行うことを明確化し，店舗でのマイナンバー確認書類等（写し）の保管を禁止 ● 本部へのマイナンバー確認書類等移送時の記録つき移送（書留便）の利用
2	小型店では，マイナンバー確認書類等を取扱う担当者は店長1名のみであり，管理が不十分である	小型店店長に過大な業務負荷がかかっており，マイナンバーの管理に関し，手が十分に回らない	アルバイトがスマートフォンのマイナンバー収集アプリや配達記録つき郵便等で直接，本社人事部門へマイナンバー確認書類等を送付するなど，マイナンバー収集業務の本社人事部門への集約化について検討を開始する（継続課題）
3	マイナンバーの取扱いに関する自己点検チェックリストが未整備である	自己点検チェックリストを作成するためのノウハウがない	コンサルティング会社とともにチェックリストを作成し，当該チェックリストによる点検の実施と点検結果に応じた監査の実施
4	マイナンバーの取扱いに対する内部監査やシステム監査が未実施である	マイナンバーの取扱いに関する内部監査を行うためのリソースやノウハウがない	マイナンバーの取扱いに関し，コンサルティング会社の支援のもとで，自己点検の結果に応じた店舗監査に加え，システム監査についても共同で監査を実施

2
グローバル企業のケース

2-1 個人情報保護管理体制の構築　①体制整備編
―GDPR対応に取り組むF社の場合―

(1) 会社の概要
F社は，国内を中心に事業を展開する食品メーカーです。近年は海外向けビジネスにも注力しており，ここ数年，ヨーロッパ，アジア，アメリカを中心に複数の企業を買収し，現在は国内外に約50拠点を有しています。

(2) 個人情報保護に関する現状・課題
同社は，グループ全体でデータベース化された従業員データを共有しており，各国の人事担当者がアクセスしています。同データには，EU拠点の従業員の個人データも含まれることから，日本本社のリスク管理を所管している経営管理部では，GDPR対応の必要性を感じており，そのための社内プロジェクトの発足を検討しています。

なお，同本社ではこれまでに，一部の部署に対して個人情報の取扱い状況に関する調査を実施したことはありますが，その他の国内外の各拠点については把握していません。

(3) 課題に対する論点の整理
- 社内プロジェクトに参画する部門をどう決めるか
- 海外の法令であるGDPRに対し，日本本社としてプロジェクトをどのようにリードするか

(4) 課題に対する取組み・対処
本社での社内調整の結果，**図表Ⅳ-2-1**の観点を参考に，プロジェクトを推進するPMO（プロジェクト管理オフィス）に，経営管理部，総務部，法務部，情報システム部，内部監査部が参画することになりました。プロジェクトの全体計画，運営はPMOが主導し，必要に応じて本社の他部門や各グ

2-1 個人情報保護管理体制の構築　①体制整備編

図表Ⅳ-2-1　GDPR対応のキーとなる要件, 想定される部門

キーとなる要件	想定される部門
組織内の個人情報保護管理を所管している，もしくは十分把握している	経営管理部門，リスク管理部門 総務部門，コンプライアンス部門
組織における主要な個人情報を取り扱っている，もしくは把握している	主要ビジネス部門 情報システム部門（情報システムの観点から） 内部監査部門（内部監査の実績から）
国内外の個人情報保護に関する法規制について理解がある	法務部門
国内外のグループ会社を管理監督する立場である，もしくは連携している	国際部門

ループ会社のプロジェクトメンバーに作業を依頼する予定です。

　また，プロジェクトメンバーとして，本社の各部門から1名，アサインを要請しました。法対応における影響度調査や新しい規程類の展開，教育等，必要な対応を依頼する予定です。

　国内外のグループ会社に対しては，個人情報保護に関する規程の所管部門からプロジェクトメンバーをアサインするよう要請しました。

　なお，EU域内の主要拠点であるイギリスのグループ会社に，PMO支援として関与してもらうことにしました。当初は個人情報保護に関する取組みが進む同社がプロジェクトを主導する案も浮上しましたが，世界各国のグループ会社への作業指示や進捗確認を行うには，日本本社が主導することがスムーズと判断しました。

(5) まとめ・今後の課題

　F社のGDPR対応プロジェクト体制が，**図表Ⅳ-2-2**のとおり決定しました。

　今後は，プロジェクト内の役割分担を明確にする予定です。

図表Ⅳ-2-2　プロジェクト体制

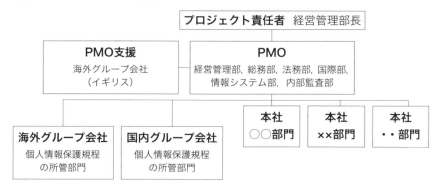

ポイントの整理

- グループ会社を含む世界規模の社内プロジェクトを適切かつ効率的に運営するため，プロジェクトを主導する役割（PMO）に適切な部署からメンバーをアサインすること
- 個人情報保護の取組みが進んでいるグループ拠点のノウハウ活用のため，プロジェクト初期の段階から連携すること

2-2 個人情報保護管理体制の構築　②影響調査編
―GDPR対応に取り組むF社の場合―

(1) 会社の概要
2-1(1)に同じ。

(2) 個人情報保護に関する現状・課題
　PMOは，F社グループ全体におけるGDPRの影響を把握するため，調査を行うことにしました。EU域内国であるイギリスのグループ会社では，GDPR対応に向けたアセスメントを実施済みであり，その際に使用された調査表を活用して，グループ全体に展開することにしました。

　当時の調査は，外部専門家が調査対象部門へヒアリングを実施するとともに，調査結果をまとめる方式でした。今回は調査対象数が多いため，各部門にて記入してもらう予定です。

(3) 課題に対する論点の整理
- GDPRの影響を把握するために必要な調査項目の洗い出し
- 各部門にて抜け漏れのない調査を実施するための事前準備

(4) 課題に対する取組み・対処
　PMOは，GDPRの影響度を把握するために必要な観点を次のとおり整理しました。

　GDPRは，当該企業がEU域内に所在していなくとも，**図表Ⅳ-2-3**のケース2または3の例のようにEU居住者の個人データを取り扱う場合，適用対象となります。このことを，調査表を作成する担当者が適切に理解のうえ，記載してもらう必要があります。PMOは，影響調査の実施説明会を開催することにしました。

　調査表には，各社で取り扱う個人情報の概要を把握するための項目（おも

図表Ⅳ-2-3　GDPR影響度の観点（例）

ケース1 GDPR適用対象となる 地域に存在している拠点の有無	● EU域内に拠点があるか
ケース2 GDPR適用対象となる 活動の有無	● EU居住者に対し，直接サービスや商品を提供する活動（個人データ収集をともなう）を行っているか ● EU居住者に対する行動監視（例：位置情報を収集し，分析する）を行っているか
ケース3 EU拠点からのデータ 移転の有無	● EU域内の拠点から，個人データの移転（電子メールでの電子ファイルの授受，情報システムを介してのデータ照会等）を受けているか

図表Ⅳ-2-4a　調査表1（個人情報取扱い状況）のイメージ

個人データ名称	利用目的	件数（概算）	主なデータ種類	収集方法	保管	……
顧客管理システム	得意先の管理	100,000	担当者名，メールアドレス，電話番号	……	……	……

記載対象の個人データ（例）
氏名を含む場合
従業員IDを含む場合
　● ……
IPアドレス，クッキー識別子を含む場合
　● ……
　● ……

想定される個人データ（例）
営業部門
　● 顧客名簿，顧客との商談記録……
人事部門
　● 従業員名簿，人事評価……

図表Ⅳ-2-4b　調査表2（個人情報管理体制の把握用）イメージ

分類	調査項目	回答
規程類の整備	個人情報保護に関する基本方針（個人情報保護方針，プライバシーポリシー）を整備しているか	
	個人情報の保護に関する規程を整備しているか	
……	……	

第Ⅳ部　ケーススタディ

な利用目的，概算の保有件数，個人情報の種類（氏名，住所，電話番号等）に加え，GDPR適用対象となるデータ移転や活動の有無等を項目に含めました（**図表IV-2-4a**参照）。

また，調査対象となる個人データについては，個人によってその認識に差が生じやすいため，具体的な例を明示しました。

あわせて，現状の個人情報保護管理体制の把握に関する調査も実施しました。現状の規程の整備状況や運用状況の概要を把握し，改善（GDPR対応）に向けたギャップを確認するためです（**図表IV-2-4b**参照）。

（5）まとめ・今後の課題

PMOは，こうした準備を踏まえ，まずは日本国内のグループ会社を対象に説明会を開催し，GDPRが日本企業に与える影響とともに，影響度調査の実施方法について説明しました。そして，調査担当者よりさまざまな質問，改善要望を受け，想定QA集の作成や調査表の様式を改善するなど，順調に調査を実施することができました。

今後，調査結果をうけて，影響度分類の検討を行う予定です。

ポイントの整理

- 対面で説明の機会を設けるなど，調査方法について具体的に調査担当者に説明すること
- 調査対象の「個人データ」は，グループ内の主要ビジネスにおいて想定される例や，人事，総務，経理系のデータ等各社共通で取り扱う例を列挙するなどして調査担当者に具体的に示すこと

2-3 個人情報保護管理体制の構築 ③対応実施編
—GDPR対応に取り組むF社の場合—

(1) 会社の概要
2-1(1)に同じ。

(2) 個人情報保護に関する現状・課題
　PMOは，影響調査を通じて，EU域外の一部のグループ会社においても，GDPR対応が必要であることを確認し，該当する各社に対しては，日本本社として改善を指導していくことにしました。

(3) 課題に対する論点の整理
- 規程の用途，目的に応じた対応方針の検討
- グループ共通対応を図るべき規程類と，各社個別対応が望ましい規程類の分類

(4) 課題に対する取組み・対処
　同社には，グループ共通で利用している規程類，日本本社が策定し，国内グループ会社で共有している規程類，各グループ会社で固有に整備している規程類等さまざまな規程類があります。

　それらの規程類を**図表Ⅳ-2-5**の通り分類し，グループ共通で整備しているプライバシーポリシーについては，プロジェクトのなかで改訂を行うこととしました。

　一方，下位の規程類については，各国の法規制や国，地域固有の事情を考慮する必要があるため，GDPR要求事項に基づき規程化すべき事項を整理し，各社のプロジェクトメンバーに展開して対応を指示しました。

図表IV-2-5　個人情報保護に関する規程類の分類と対応方針の整理

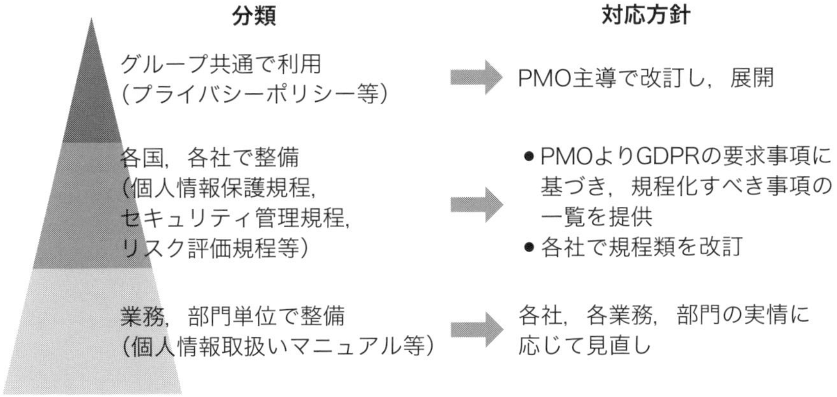

分類
- グループ共通で利用（プライバシーポリシー等）
- 各国，各社で整備（個人情報保護規程，セキュリティ管理規程，リスク評価規程等）
- 業務，部門単位で整備（個人情報取扱いマニュアル等）

対応方針
- PMO主導で改訂し，展開
- ● PMOよりGDPRの要求事項に基づき，規程化すべき事項の一覧を提供
  ● 各社で規程類を改訂
- 各社，各業務，部門の実情に応じて見直し

（5）まとめ・今後の課題

F社は，規程類の整備方針をまとめ，各拠点に展開しました。

今後は，2018年5月のGDPR施行に向けて，次のような作業を実施していく予定です。

- 整備，見直しされた規程の従業員への周知徹底
- 各社での改善状況の進捗確認
- 運用状況のモニタリング

ポイントの整理

規程の見直しには一定の作業時間が必要。特に各社固有で整備すべき規程については，余裕をもって取り組めるよう早めに明確化し，周知すること。

2-4 データ移転対応①
―BCR に取り組む G 社の場合―

(1) 会社の概要
G 社は，世界規模でクラウドサービスを展開する IT 企業です。日本，アメリカ，アジアにデータセンタを有し，世界中の企業を顧客として，データセンタのアウトソーシングビジネスを提供しています。

(2) 個人情報保護に関する現状・課題
G 社は，自社データセンタのインフラ基盤を活用した企業顧客向けのサービスを提供しています。G 社は，顧客企業から運用を委託された情報システムに，個人情報が含まれているかどうかについては知り得ない立場であり，また，同社従業員が，顧客企業の情報システムにアクセスすることはありません。

しかしながら，EU 域内の企業より受託している情報システムに個人情報が格納されている場合，EU 域内から EU 域外へのデータ移転とみなされることを想定し，データ移転対応を検討しています。

(3) 課題に対する論点の整理
データ移転方法（SCC，BCR）（第Ⅱ部 **2-1** を参照）を検討する際の考慮事項。

(4) 課題に対する取組み・対処
G 社は，同社のサービス提供に際して必要となるデータ移転方法として SCC と BCR のどちらを採用するか，検討を開始しました（**図表Ⅳ-2-6** 参照）。当初は，BCR に比べて比較的容易とされている SCC の締結を検討しましたが，顧客企業から受託する業務に関する個人データについて，そのデータ内容やライフサイクルを特定し，整理することは困難として，導入後はグ

2-4　データ移転対応①

図表Ⅳ-2-6　SCC検討の際のポイント

検討ポイント	現状	考察
移転対象データの内容，利用目的が特定されているか	顧客企業から受託を受ける個人データのすべてを把握することは困難かつ変更も予想される	移転データを漏れなくSCCに明記することは困難
移転対象データのフローが特定されているか	顧客企業より受託したデータは，ビジネス上の都合に応じて，複数のデータセンタに格納される	移転データのフローが多数考えられる場合，SCCへの記載が複雑化する

ループ会社間で個人データを自由にやりとりできる BCR の採用を決定しました。

(5) まとめ・今後の課題

　G 社は，BCR 導入に向け，今後次のような取組みを進めていくことになります。日本本社，EU 域内の主要拠点を中心に対応プロジェクトを発足し，グループ全体で取り組む予定です。

①グループ全体の個人情報保護管理体制の整備
- グループ全体の個人情報に関するルールの整備
- グループ全体への展開，周知徹底
- グループ全体における上記ルールに基づく運用状況の評価と改善

② BCR 申請準備，対応
- BCR 申請を行う EU 域内の監督機関の検討
- 申請書類の準備と提出
- 申請後の監督機関との調整，問い合わせ対応

ポイントの整理

　BCR は，SCC に比べて手続が煩雑でコストがかかるといわれるが，個人データの非定型な取扱いに適しているともいえる。データ移転の方法は，ビジネスの特性にあわせて検討すること。

2-5 データ移転対応②
―SCC に取り組む H 社の場合―

(1) 会社の概要
　H 社は，EU，アメリカ，アジアの主要国に計 10 数社の現地法人を有する医療機器メーカーです。世界で通用する人材の育成を目的に，グローバル人事評価制度の導入を検討しています。

(2) 個人情報保護に関する現状・課題
　同制度では，管理職以上の従業員の情報を日本本社が所管する人事データベースに登録し，全世界の拠点の人事部門がアクセスする想定です。EU 域内の従業員の情報も同様に，EU 域内の統括会社より情報を受領し，同データベースで取り扱われることから，H 社の法務部門は，同取扱いがデータ移転にあたると考え，SCC の締結を検討しています。

(3) 課題に対する論点の整理
　SCC を締結する具体的な実施手順とポイント。

(4) 課題に対する取組み・対処
①採用する SCC ひな形の検討
　検討に際しては，EU 域内の統括会社の現地弁護士と相談し，契約の締結や法的な解釈等について，随時助言を受けることにしました。まず，H 社の法務担当者は，欧州委員会が決定した契約書のひな形（欧州委員会ウェブサイトに掲載）を入手しました。SCC には，用途に応じて複数の版が公表されており，管理者から管理者へのデータ移転には，Set Ⅰと Ⅱ の 2 種類があります。担当者は双方の内容を確認し，Set Ⅰ に比べて，移転データの詳細に関する記載のアップデートが許容されるなど，自由度が高くビジネスニーズに対応しやすいといわれている Set Ⅱ を採用することにしました。また，現

図表Ⅳ-2-7　SCCの種類とおもな条文

SCCの種類	おもな条文
①2001/497/EC（SetⅠ） 管理者から管理者へのデータ移転用	● データ輸出者（data exporter）の責務 ● データ輸入者（data importer）の責務 ● 法的責任と第三者の受益条項，調停，裁判管轄 ● 監督機関への協力 ● データ移転の終了 ● 準拠法 ● Appendix ①（データ移転の詳細） ● Appendix ②（必須データ保護原則）
②2004/915/EC（SetⅡ） 管理者から管理者へのデータ移転用	● データ輸出者（data exporter）の責務 ● データ輸入者（data importer）の責務 ● 法的責任と第三者の受益条項 ● 準拠法 ● データ主体，監督機関との紛争解決 ● データ移転の終了 ● データ移転の詳細
③2010/87/EU 管理者から処理者へのデータ移転用	● データ移転の詳細 ● 第三者の受益条項 ● データ輸出者（data exporter）の責務 ● データ輸入者（data importer）の責務 ● 法的責任，調停，裁判管轄 ● 監督機関への協力 ● 準拠法 ● 再委託 ● データ処理サービス終了後の責務

出所：欧州委員会（http://ec.europa.eu/justice/data-protection/international-transfers/transfer/index_en.htm）を参考に筆者作成。

図表Ⅳ-2-8　SCC締結単位の検討

	案1 当事者（2社）間ごとにSCCを締結	案2 グループ全体で共通のSCCを締結
メリット	● 当事者間ごとのニーズにあわせた契約書の作成が可能	● SCCは1契約のため，改訂が必要な場合のメンテナンス負荷が案1に比べ低い
デメリット	● 当事者が複数の場合，SCCの契約数が増える ● 記載内容に変更が生じた場合，個別対応が必要	● 当事者ごとに個別の事情があり，SCCに記載する必要がある場合，SCCは1契約のみのため，記載が複雑化する場合がある。

地の弁護士に問い合わせ,現地のデータ保護機関への届け出は不要である旨を確認しました。

② SCC 締結単位の検討

次に,H社の法務担当者は,SCCの締結単位について2案を検討しました(**図表Ⅳ-2-8**参照)。

案1は,2社間ごとに個別にSCCを締結するため,SCCの契約数は,会社数に応じて増えることになります。一方,案2は,SCCとは別に基本契約書,覚書といった書面を作成し,グループ会社が同書面にSCCへの合意をサインする形式をとることで,グループ全体で1種類のSCCを締結することになります。

検討の結果,同社では,グループ会社が多く,2社間ごとに契約を締結した場合,管理が煩雑になること,また,移転データの種類,移転方法等,移転内容は共通していることから,現地の弁護士に同方法に問題がないことを確認のうえ,案2の採用を決定しました。

③ SCC契約書の作成,締結

同社法務担当者は,ひな形を活用しながら契約書を作成しました。

契約書の条文には,地域法令への準拠や,リスクに応じた適切なセキュリティ対策の実施が明記されています。日本本社は同社グループの各拠点に対し,個人情報保護に関する現地法規制への遵守や,組織体制,規程類の見直しおよび運用の改善を指示し,改善を確認したうえで,SCC締結を完了しました。

(5) まとめ・今後の課題

H社において,人事データに関するSCCの締結が完了しました。今後は,今回改善された個人情報保護の管理体制が継続して適切に運用されていることのモニタリングを実施し,適時改善を行う必要があると考えています。

2-5 データ移転対応②

ポイントの整理

- 移転対象のデータ，移転先，移転先数，移転方法等に応じて，ニーズにあった SCC ひな形の採用や契約単位を検討すること
- SCC は，契約締結するだけでデータ移転が許容されるわけではない。SCC に記載された取決めに従って適切な運用が行われているかについて，各社のモニタリングは継続して実施すること

図表Ⅳ-2-9　SCC様式イメージ（2004/915/EC　SetⅡ）

本文

個人データの第三国へのデータ移転に関する基本契約条項
データ移転に関する合意

データ移転元事業者：
　……………

データ移転先事業者：
　……………

定義
a)"個人データ"，……………
　……………

添付A

データ処理原則

利用の制限：
個人データは，添付Bに記載された利用目的，もしくはデータ主体の同意に基づき……………

透明性：
データ主体は，個人データの処理に関して必要な情報を提供されなければ……………

セキュリティおよび機密性：
データ管理者により，リスク低減のための技術的及び組織的セキュリティ対策を……………

添付B

データ移転の詳細（各組織が記入）

データ主体
移転対象の個人データには次のデータ主体の種類を含む：
……………
……………

データ移転の目的
データ移転は，次の目的のため遂行される：
……………
……………

データ分類
移転対象の個人データには次のデータ種類を含む：
……………
……………

出所：欧州評議会HP（http://ec.europa.eu/justice/data-protection/internationaltransfers/transfer/index_en.htm）に掲載の書式より抜粋（日本語に抄訳）。

コラム11 これからのパーソナルデータ／プライバシー管理③
── パーソナルデータ流通の新たな仕組み ──

個人情報保護法が改正された背景の1つに，ビッグデータの利活用に向けた法規制の見直しという点があげられます。あらゆるモノがネットにつながるIoT（Internet of Things）やAI（人工知能）の普及にともない，ビッグデータの利活用は今後ますます広がりをみせていくことになります。

そのようななか，2016年12月に，ビッグデータの流通に関わる環境整備を図る法律として「官民データ活用推進基本法」が制定され，日本社会の成長に向けて官民の有するさまざまなデータの活用を推進するための取組みが開始されました。

こうした国・自治体・民間企業が保有するデータの効果的な活用が期待されるなかで，パーソナルデータについてもどのような仕組みのもとで利活用を進めていくべきかが課題となります。

たとえば匿名加工情報については，個人情報に比べて自由度の高い流通，利活用の促進が期待される反面，加工の度合いを強めれば強めるほど情報の中身が薄くなってしまい，それを活用する側にとって有用性の高くない情報に置き換わってしまう可能性があります。

また，各個人に紐づくパーソナルデータの所在に関していえば，ポイントカードによる購買情報，交通系ICカードによる乗降履歴情報といったさまざまな情報がバラバラに分散管理されており，多くの場合これらの情報同士が必ずしも結びつかない状態で個別利用されているのが現状です。

そこで考えられるのが，データの供給と管理の新たな仕組みです。情報主体である個人が自らのパーソナルデータについて積極的に関与し，本人の意思を通じて提供されたデータに基づいて利活用を進めていくという構想のもとで現在提唱されているのが，「パーソナルデータストア（PDS）」および「情報銀行」といった概念を用いた新しい取引市場の創設です。

PDSは情報主体が自身のパーソナルデータを蓄積・管理するためのハコ（仕組み）をいいます。たとえばGPSの位置情報，オンラインショッピングの購買履歴，資格・学歴情報といったさまざまなパーソナルデータをクラウド環境におかれたPDSにまとめて蓄積し，情報主体自身がそれらの情報を利活用したいと考えている事業者への提供を許諾します。事業者と個人との間には，パーソナルデータの授受に際し個人からの委託を受けて取引を代行する情報銀行が介在します。このような個人（供給サイド），事業者（需要サイド）および情報銀行（仲介事業者）による新たなデータ取引市場を形成するというフレームワークの検討が進んでいます。

事業者は入手したパーソナルデータを自社のビジネスに生かし，個人はデータの提供に基づく見返り（金銭，ポイントなど）を受け取ることで，双方にとってメリットがある取引が実現すれば，真のビッグデータの利活用による経済社会の

発展が期待できるといえます。
　無論こうした仕組みには，データセキュリティの確保などを前提とした適切なデザインの構築が必要となります。そのような課題への対策も見据え，個人が安心して自らのデータを提供できるような信頼性の高いデータ取引市場の確立と，個人および事業者にとって取引のメリットを享受できるような社会的基盤を国家主導により築いていくことが重要です。

データ取引市場とPDS・情報銀行

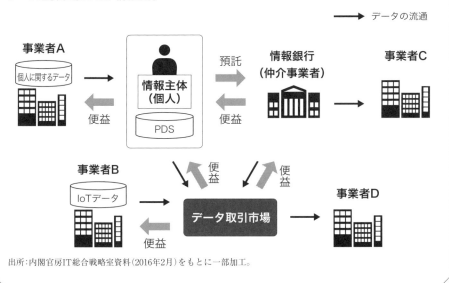

出所：内閣官房IT総合戦略室資料（2016年2月）をもとに一部加工。

索　引

A～Z

APEC プライバシーフレームワーク …… 77
BCR …………………… 82, 105, 107, 210
CBPR システム ………………………… 35, 77
Do Not Track …………………………… 73
DPIA ……………………………………… 93
EEA ……………………………………… 90
EU 一般データ保護規則 ……………… 69
EU データ保護指令 …………………… 67, 69
FTC ……………………………………… 74
FTC3 要件 ……………………………… 75
GDPR …………………………………… 69
JIS Q 15001 …………………………… 42
OECD8 原則 …………………………… 67
PDPA …………………………………… 77
PDS ……………………………………… 216
SCC ………………… 80, 105, 107, 210, 212
Social Security Number ……………… 117
SOC レポート ………………………… 128
SSN ……………………………………… 117

あ

アメリカ連邦取引委員会 ……………… 74

越境プライバシールールシステム …… 77

欧州委員会 ……………………………… 80
欧州議会 ………………………………… 86
欧州経済領域 …………………………… 90
オプトアウト …………………………… 17
オプトアウト手続き …………………… 33

か

外国にある第三者への提供 …………… 34, 194
改正個人情報保護法 …………………… 6
ガイドライン …………………………… 12
加工方法等情報 ………………………… 28, 184
仮名化データ …………………………… 89, 103

技術的安全管理措置 …………………… 13

公益通報者保護法 ……………………… 161
行動規範 ………………………………… 90, 105
個人識別符号 …………………………… 22
個人情報保護委員会 …………………… 38
個人情報保護法 ………………………… 8
個人番号 ………………………………… 48
個人番号カード ………………………… 59, 115
個人番号関係事務 ……………………… 56

さ

事務取扱担当者 ………………………… 60
十分性認定 ……………………………… 80, 81
消去請求権 ……………………………… 94
消費者プライバシー保護に関する
　権利章典 ……………………………… 73
消費者プライバシー保護法案 ………… 73
情報銀行 ………………………………… 216
情報提供ネットワークシステム ……… 51, 54
人的安全管理措置 ……………………… 13

セーフハーバー協定 …………………… 84
セーフハーバー原則 …………………… 71

219

組織的安全管理措置 ……………………… 13

た

第三者提供の確認・記録義務 ……………… 188
通知カード ………………………………… 49
データ移転規制 …………………………… 105
データ管理者 ……………………………… 92
データ処理者 ……………………………… 92
データベース提供罪 ……………………… 36
データポータビリティ …………………… 94
データ保護責任者 ………………………… 92
データ保護影響評価 ……………………… 93

特殊な種類の個人データ ………………… 102
特定個人情報 ……………………………… 52
特定個人情報ファイル …………………… 56
特定個人情報保護評価指針 ……………… 55
特定個人情報保護評価書 ………………… 55
匿名加工情報 ………………………… 26, 183
匿名加工情報取扱事業者 …………… 26, 187
匿名化データ ………………………… 89, 103

な

認証 …………………………………… 90, 105
認定個人情報保護団体 …………………… 165

は

パーソナルデータストア ………………… 216
番号確認 …………………………………… 57

物理的安全管理措置 ……………………… 13
プライバシーシールド …………………… 84
プライバシーマーク ………………… 43, 126
プライバシーマーク制度 ………………… 42
プロファイリング …………………… 91, 95

法人番号 …………………………………… 49
本人確認 …………………………………… 58

ま

マイナポータル …………………………… 54
マイナンバーカード ……………………… 115
マイナンバー法 …………………………… 48

身元確認 …………………………………… 57

や

要配慮個人情報 ……………………… 24, 178

わ

忘れられる権利 …………………………… 97

【執筆者紹介】

<監修者>

〔総合監修〕

梅澤　泉（うめざわ　いずみ）
EYアドバイザリー・アンド・コンサルティング株式会社　パートナー
公認会計士，公認不正検査士（CFE），公認情報システム監査人（CISA）。
クラウドサービス，データセンターサービスに係るIT統制の保証業務に従事するとともに，EYにおけるジャパン・データプロテクション・リーダーとして，各国のプライバシー規制や個人情報保護管理に対する企業支援を数多く手掛けている。日本公認会計士協会情報セキュリティ等対応専門委員会委員，ITアシュアランス専門委員会委員。

〔法務監修〕

坂本　有毅（さかもと　ゆうき）
EY弁護士法人　エグゼクティブディレクター
弁護士，宅地建物取引士，日本証券アナリスト協会検定会員。
国内系大手法律事務所にて，資金調達取引，金融規制に係る助言などの案件に従事の後，金融庁へ出向し金融関係の税制改正に関与し，平成26年7月より現職。金融法務や一般企業法務の他，コーポレートガバナンスや内部監査，国内外のデータ保護関連の案件にも取り組む。著書に『取引手法別　資本戦略の法務・会計・税務』（EY Japan編，共著，中央経済社，2016年）など。

積森　一朗（つみもり　いちろう）
EY弁護士法人　マネージャー
弁護士。
慶應義塾大学文学部，千葉大学法科大学院，南カリフォルニア大学ロースクール卒業。国内大手メーカーを経て，2016年EY弁護士法人に入所。一般企業法務のほか国内外M&A，各国法の法令調査等に従事。

〔構成・編集〕

関口　和夫（せきぐち　かずお）
EYアドバイザリー・アンド・コンサルティング株式会社　シニアマネージャー
システム監査技術者，プロジェクトマネージャー。
J-SOXにおけるIT全般統制の監査やITに関連するSOCレポート関連業務・リスクアドバイザリー業務に従事。

＜執筆者＞
井出　博之（いで　ひろゆき）
EYアドバイザリー・アンド・コンサルティング株式会社　シニアマネージャー
公認情報システム監査人（CISA），ISO27001審査員補。
個人情報保護を含むリスク関連のアドバイザリー業務を担当。金融，通信，広告，製造等，様々な業界にて個人情報保護法対応，情報セキュリティ認証・監査，マイナンバー対応，全社リスク管理（ERM），コンプライアンス，危機管理（BCP），内部監査，J-SOX対応等の業務に従事。

熊谷真知子（くまがい　まちこ）
EYアドバイザリー・アンド・コンサルティング株式会社　シニアマネージャー
公認情報システム監査人（CISA），プライバシーマーク審査員補。
個人情報保護を含む情報セキュリティ関連のアドバイザリー業務を担当。個人情報保護管理に関する監査，個人情報保護管理態勢の構築支援に従事。EYのグローバル・ネットワークのもとで世界各国のプライバシー専門チームと連携し，海外のプライバシー規制対応に向けたグローバル企業の個人情報保護／プライバシー管理支援を提供。

増田　智一（ますだ　ともかず）
EYアドバイザリー・アンド・コンサルティング株式会社　マネージャー
システム監査技術者，公認情報システム監査人（CISA），公認情報セキュリティマネージャー（CISM），CISSP。
情報セキュリティ専門会社，金融庁（出向）にて証券取引特別調査官，G-SIFIs投資銀行にて海外子会社の情報管理等，民間および官公庁の勤務経験を経てEYに入所。日系，外資グローバル企業，中央省庁の個人情報保護管理，情報セキュリティ監査業務に従事。

林　千愛（はやし　ちえ）
EYアドバイザリー・アンド・コンサルティング株式会社　シニア
公認情報システム監査人（CISA），プライバシーマーク審査員補。
IT統制の保証業務，個人情報保護を含むリスク関連のアドバイザリー業務を担当。クラウドサービス等のIT統制の構築支援及び評価，個人情報保護法対応，プライバシーマーク取得・更新支援，情報セキュリティ管理態勢の評価等の業務に従事。

EY | Assurance | Tax | Transactions | Advisory

EYについて

EYは、アシュアランス、税務、トランザクションおよびアドバイザリーなどの分野における世界的なリーダーです。私たちの深い洞察と高品質なサービスは、世界中の資本市場や経済活動に信頼をもたらします。私たちはさまざまなステークホルダーの期待に応えるチームを率いるリーダーを生み出していきます。そうすることで、構成員、クライアント、そして地域社会のために、より良い世界の構築に貢献します。

EYとは、アーンスト・アンド・ヤング・グローバル・リミテッドのグローバル・ネットワークであり、単体、もしくは複数のメンバーファームを指し、各メンバーファームは法的に独立した組織です。アーンスト・アンド・ヤング・グローバル・リミテッドは、英国の保証有限責任会社であり、顧客サービスは提供していません。

詳しくは、ey.com をご覧ください。

EY Japan について

EY Japanは、EYの日本におけるメンバーファームの総称です。新日本有限責任監査法人、EY税理士法人、EYトランザクション・アドバイザリー・サービス株式会社、EYアドバイザリー・アンド・コンサルティング株式会社などから構成されており、各メンバーファームは法的に独立した法人です。

詳しくは、www.eyjapan.jp をご覧ください。

EY アドバイザリー・アンド・コンサルティング株式会社について

EYアドバイザリー・アンド・コンサルティング株式会社はEYの日本におけるメンバーファームです。さまざまな分野の専門性を有するプロフェッショナルがグローバルに連携し、企業が抱える経営課題に対し、最先端かつグローバルな視点と実行力で最適なアドバイザリーサービスを総合的に提供いたします。

詳しくは、www.eyjapan.jp/advisory をご覧ください。

EY 弁護士法人について

EY弁護士法人は、EYメンバーファームです。国内および海外で法務・税務・会計その他のさまざまな専門家と緊密に協働することにより、お客様のニーズに即した付加価値の高い法務サービスを提供し、より良い世界の構築に貢献します。

詳しくは、law.eyjapan.jp をご覧ください。

| 平成29年9月30日　　初版発行 | 略称：個人情報 |

個人情報・プライバシーの実務ガイド
──パーソナルデータの保護と管理──

編　著　EYアドバイザリー・アンド・
　　　　コンサルティング㈱

発行者　中　島　治　久

発行所　同文舘出版株式会社
　　　　東京都千代田区神田神保町1-41　〒101-0051
　　　　営業（03）3294-1801　　編集（03）3294-1803
　　　　振替 00100-8-42935　　http://www.dobunkan.co.jp

Ⓒ 2017 EY Advisory & Consulting Co., Ltd.　　DTP：マーリンクレイン
All Rights Reserved.　　　　　　　　　　　　印刷・製本：三美印刷
Printed in Japan

ISBN978-4-495-39007-5

JCOPY〈出版者著作権管理機構 委託出版物〉
本書の無断複製は著作権法上での例外を除き禁じられています。複製される場合は，そのつど事前に，出版者著作権管理機構（電話 03-3513-6969，FAX 03-3513-6979，e-mail: info@jcopy.or.jp）の許諾を得てください。